コーチと入試対策！　8日間 完成

中学1・2年の総まとめ

この本のコーチ
- 健康に気をつけている。
- きれい好き。
- 気になることはすぐ調べる。

付録
- 応援日めくり

0日目 コーチとの出会い

←コーチ？

ある日の
○△中学校の
写真部部室
バタバタバタ…
写真部
たたたたいへんだー
バン
ハァハァ
わっ
なに!?
急に・・・
3年生って...
高校入試
あるじゃん...
ちょっ...
ちょっとおちついて
できないよ〜〜
デキナイヨォォ
○○撮影
できないよ〜
部活がたのしすぎて1年生も
2年生も定期テストの前の日
しか勉強してこなかったんだ！
終わったら終わったで見直し
もしないまま遊びに行って
部活ばかり！春休みも冬休
みも部活遊びブカツアソビ
BUKATSUASOBI...
入試なんて...
ヒュン
ヒュン
ヒュン
まてよ... 私も
入試対策なんて
何もしていない
あぁぁ....
ヒュン
ヒュン
ヒュン
アドバイス
できない...
困った...
えっ
ピピーッ!!
スタッッ
えっ

ハァハァ
やあ！
…トレーニングしてたら…
…悩める…
…きみたちを….
みつけ…
う…うさぎ
しゃべってる!?
わぉ
なわとび？
ゼィゼィ
息おちつくまで
ちょっとまって
それがいいよ…
ウン
ウン
そろ…
ゴクゴク
MYスムージー
復活っ
シャキーン
テッテレ〜
きみたちに
これ
あげるっ!!
のびーる耳!?
コーチと入試対策！
8日間完成
中学1・2年の総まとめ
国語？
耳がのびても動じない2人…
ハチッ
8日間！
そう！たった8日間で
コーチのぼくと一緒に
中学1,2年の国語を総まとめ
できちゃう本だよ!!
んー
そんなうまい話…あるかな…？
そのヒミツは…？
あ
先
いってるねー！
ビュン

Point 1
要点を確認しようで最重要事項を確認！
攻略のカギで解き方のポイントをサクッとチェック！
マンガやイラスト会話でスタートするんだね。わくわく！
文章が短いからサッと解けるし，大事なところがわかりやすい！ヒントやアドバイスもあるよ。
次は例題を解こう！上のまとめで学習したことをすぐに実践するから，ばっちり身につくよ。
Point 2
問題を解こうで実力チェック！
ゴクリ
テーマ別に4ページ×8日間！すっきり頭に入っちゃうヨ！
あの〜
時間をはかって100点満点のテストにチャレンジ！
Point 3
縮刷解答で答え合わせのモヤモヤをすっきり解決！
記述問題ワンポイントに，答え合わせをするときのポイントがまとめてある！これなら自分で採点できちゃうね。
重要 参考 注意
特に大事なところが一目でわかるアイコンもあるよ！
国語の記述問題ってさ，模範解答を見ても，自分の答えが合ってるか，判断できないときがあるんだけど…。
わかる——
ウーン
Point 4
点数を記録して弱点を発見！
ふりかえりシートもあるよ！
8日間ふりかえりシート

おさらい

1日4ページ

1日目～8日目

問題を解こう

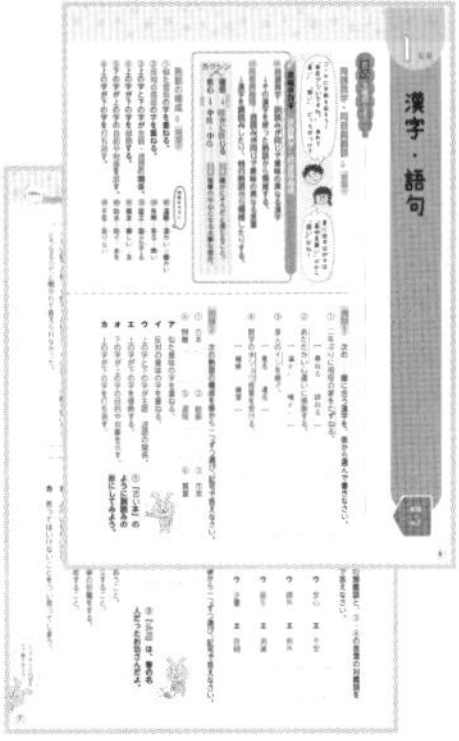

要点を確認しよう

巻末には

「漢字の読み書き」

入試頻出の漢字をチェック！

その日のうちに

「応援日めくり」

で毎日テスト！

「ふりかえりシート」

で苦手を把握！

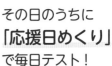

1日目 漢字・語句

解答 p.2

要点を確認しよう

1 同訓異字・同音異義語 → 例題1

コーチに手紙を出そう！「毎日アツいですね。」あれ？「暑い」、「熱い」、どっちだっけ？
夏に出すはがきは「暑中見舞い」だから「暑い」だね！

攻略のカギ　同訓異字・同音異義語

同訓異字…訓読みが同じで意味の異なる漢字
→その漢字を使った熟語から類推する。

同音異義語…音読みが同じで意味の異なる言葉
→漢字を訓読みしたり、他の熟語から類推したりする。

カクシン
- 確信 → **確**かに**信**じる（訓読み）　意味 確かにそうだと信じること。
- 核心 → 中**核**・中**心**（熟語）　意味 物事の中心となる大事な部分。

2 熟語の構成 → 例題2

（訓読みすると…）

① **似た意味**の字を重ねる。　例 温暖…温かい＝暖かい
② **反対の意味**の字を重ねる。　例 有無…有る↔無い
③ 上の字と下の字が**主語・述語**の関係。　例 国立…国**が**立てる
④ 上の字が下の字を**修飾**する。　例 親友…親しい→友
⑤ 下の字が上の字の**目的**や**対象**を示す。　例 防水…防ぐ←水**を**
⑥ 上の字が下の字を**打ち消す**。　例 不足…足り**ない**

例題1 次の――線に合う漢字を、後から選んで書きなさい。

① 二年ぶりに祖母の家をたずねる。　［ 尋ねる　訪ねる ］　（　　）
② あたたかい心遣いに感謝する。　［ 温かい　暖かい ］　（　　）
③ 故人のイシを継ぐ。　［ 意志　遺志 ］　（　　）
④ 数学のホシュウ授業を受ける。　［ 補修　補習 ］　（　　）

例題2 次の熟語の構成を後から一つずつ選び、記号で答えなさい。

① 古本（　　）　② 絵画（　　）　③ 市営（　　）
④ 無敵（　　）　⑤ 退院（　　）　⑥ 貧富（　　）

ア 似た意味の字を重ねる。
イ 反対の意味の字を重ねる。
ウ 上の字と下の字が主語・述語の関係。
エ 上の字が下の字を修飾する。
オ 下の字が上の字の目的や対象を示す。
カ 上の字が下の字を打ち消す。

① 「古い本」のように訓読みの形にしてみよう。

③ 類義語・対義語 ⬇例題3

類義語…互いに意味が似た言葉。　例 経験＝体験　改善＝改良

対義語…互いに意味が反対になる言葉。　例 収入↔支出　清潔↔不潔

④ 慣用句・ことわざ・故事成語 ⬇例題4

去年の体育祭、部活動対抗リレーで転んでしまって……。アンカーに推薦《すいせん》してくれた先輩の顔に泥《どろ》を塗《ぬ》っちゃった。
先輩の顔に泥？　そんな大胆なことよくできるな。

慣用句…二つ以上の言葉が結び付いて、特別な意味を表すようになった言葉。

例 顔に泥を塗る　意味 恥をかかせる。

例 鼻が高い　意味 自慢げな様子である。

例 虫がいい　意味 自分勝手だ。

慣用句には、体に関係するものがたくさんあるよ。

ことわざ…昔から言いならわされてきた、教訓や生活の知恵を含む言葉。

例 焼け石に水　意味 少ししかなくて効果がないこと。

故事成語…中国の古い話（故事）から生まれた言葉。ことわざと同じく、教訓や生活の知恵を表す。

例 矛盾　意味 つじつまが合わないこと。

〔故事〕矛と盾を売る人が、どんな盾をも通す矛と、どんな矛も通さない盾だと言って売ろうとしたが、その矛でその盾を突いたらどうなるのだと聞かれて答えられなかった。

例題3　次の①・②の言葉の類義語と、③・④の言葉の対義語を後から一つずつ選び、記号で答えなさい。

① 心配　**ア** 信頼　**イ** 恐怖　**ウ** 安心　**エ** 不安　〔　　〕

② 意外　**ア** 以外　**イ** 案外　**ウ** 論外　**エ** 例外　〔　　〕

③ 生産　**ア** 消費　**イ** 需要　**ウ** 誕生　**エ** 消滅　〔　　〕

④ 全体　**ア** 部分　**イ** 一般　**ウ** 少量　**エ** 詳細　〔　　〕

例題4　次の言葉の意味を後から一つずつ選び、記号で答えなさい。

① 口が軽い　〔　　〕

② 水を差す　〔　　〕

③ 弘法《こうぼう》も筆の誤り　〔　　〕

④ 棚からぼた餅　〔　　〕

⑤ 蛇足　〔　　〕

⑥ 四面《しめん》楚《そ》歌《か》　〔　　〕

ア 思いがけない幸運にあうこと。

イ 周りが敵ばかりで孤立すること。

ウ うまくいっている物事の邪魔をする。

エ 名人でもときには失敗すること。

オ よけいな付け足し。

カ 言ってはいけないことをつい言ってしまう。

③「弘法」は、書の名人だったお坊さんだよ。

ここで学んだ内容を次で確かめよう！

問題を解こう

30分　　／100点

1 次の（　）に当てはまる漢字を書きなさい。　2点×8（16点）

① A 頭がずきずきと（　）《いた》むので薬を飲んだ。
　B 買っておいたりんごが（　）《いた》んでしまった。

② A 決勝戦で惜しくも（　）《やぶ》れる。
　B 転んで服が（　）《やぶ》れる。

③ A 税金を（　）《おさ》める。
　B 成功を（　）《おさ》める。
　C 国を（　）《おさ》める。
　D 学問を（　）《おさ》める。

2 次の――線の片仮名を漢字で書きなさい。　2点×7（14点）

① 部長の提案にイギを唱える。（　）
② 働くことのイギを考える。（　）
③ 工場のキカイを動かす。（　）
④ 先生に質問するキカイを得た。（　）
⑤ 二人の考え方はタイショウ的だ。（　）
⑥ 幼児をタイショウとした絵本。（　）
⑦ 左右タイショウのデザイン。（　）

3 次の熟語と構成が同じものを後から一つずつ選び、記号で答えなさい。　2点×5（10点）

読みが同じ漢字を書き分けるときは、訓読みや、その字を使った熟語から、漢字の意味を考えよう。

① 往復　ア 因果　イ 未然　ウ 晩年　エ 養育（　）
② 思考　ア 閉幕　イ 正誤　ウ 柔軟　エ 愛犬（　）
③ 地震　ア 援助　イ 雷鳴　ウ 脱線　エ 願望（　）
④ 潜水　ア 別離　イ 避難　ウ 苦楽　エ 湖面（　）
⑤ 最大　ア 失恋《しつれん》　イ 教育　ウ 非常　エ 直線（　）

4 次の言葉の類義語（＝）、または対義語（↕）になるように、□に当てはまる漢字を後から選んで書きなさい。　2点×5（10点）

① 値段＝□格（　）
② 用意＝□備（　）
③ 義務↕□利（　）
④ 失敗↕成□（　）
⑤ 長所↕□所（　）

功　価　短　権　準

語群選択問題は、わかる問題から先に解こう！

5 次の（　）に当てはまる漢字を後から選んで書き、慣用句を完成させなさい。 2点×6（12点）

① （　）をもつ　意味 味方する。
② （　）が折れる　意味 とても苦労する。
③ （　）が立たない　意味 かなわない。
④ （　）を割る　意味 本心を打ち明ける。
⑤ （　）をかぶる　意味 本性を隠しておとなしくする。
⑥ （　）が合う　意味 気が合う。

肩　歯　腕　腹　骨　馬　猫

6 次のことわざと意味が似ているものを後から一つずつ選び、記号で答えなさい。 3点×4（12点）

① 馬の耳に念仏（　）
② 身から出たさび（　）
③ 猫に小判（　）
④ 泣き面《つら》に蜂（　）

ア 豚に真珠　イ 弱り目にたたり目　ウ 自業自得《じごうじとく》　エ 馬耳東風《ばじとうふう》

7 次の故事からできた故事成語を後から一つ選び、記号で答えなさい。（2点）

故事 鳥が貝を食べようとしてくちばしを差し入れたところ、貝は食べられまいとして鳥のくちばしをはさんだ。こうして争っている間に、漁師がやって来て、鳥も貝も捕まえた。

ア 画竜点睛《がりょうてんせい》　イ 背水の陣　ウ 漁夫の利　エ 杞憂《きゆう》　（　）

8 次の（　）に当てはまる漢数字を書いて、四字熟語を完成させなさい。 3点×2（6点）

① 危機（　）髪　意味 あと少しで非常に危ない状態になりそうなこと。
② （　）里霧中　意味 どうすればよいかわからないこと。

9 次の――線の漢字の読みを平仮名で書きなさい。 2点×4（8点）

① 慎重に作業する。（　）
② 任務を遂行する。（　）
③ 練習に時間を割く。（　）く
④ 目を凝らしてよく見る。（　）らして

10 次の――線の片仮名を漢字で書きなさい。 2点×5（10点）

① 水分がジョウハツする。（　）
② 小笠原《おがさわら》ショトウを旅する。（　）
③ 型紙に合わせて生地をサイダンする。（　）
④ その話はウタガわしい。（　）わしい
⑤ 玉ねぎの皮で布をソめる。（　）める

要点を確認しよう

1 文の成分 ⇩ 例題1・2

あぁ、終わった！
えっ、どうしたの？
宿題が終わったんだよ！
主語を言ってよ！

文節（**間に「ね」を入れて自然に区切れる言葉のまとまり**）を、文の中での働きによって分類したものを、**文の成分**といいます。

① **主語**…「何が・誰が」に当たる。
② **述語**…「どうする・どんなだ・何だ・ある」などに当たる。
③ **修飾語**…他の文節を詳しく説明する。
④ **接続語**…文と文、文節と文節をつなぐ。
⑤ **独立語**…他の文節と直接関係をもたない。

主語には「は」「が」「も」「こそ」などが付くよ。

2 品詞 ⇩ 例題3～6

(1) **自立語**＝単独で文節を作れる語

活用する（**用言**）
述語になることができる。

① **動詞**…「どうする」などを表し、「**ウ段**」の音で言い切る。
② **形容詞**…「どんなだ」を表し、「**い**」で言い切る。
③ **形容動詞**…「どんなだ」を表し、「**だ・です**」で言い切る。

・元気で（形容動詞・連用形） 騒がしい（形容詞・連体形） 彼が 欠席して（動詞・サ行変格活用・連用形） いれば（動詞・上一段活用・仮定形） 静かでしょう（形容動詞・未然形）。

解答 p.4

例題1 次の——線の文節の文の成分を後から一つずつ選び、記号で答えなさい。

① 満開の 桜が 風に 揺れる。 〔　　〕
② はい、私が 部長です。 〔　　〕
③ 姉は 図書館で 小説を 借りる。 〔　　〕
④ 今日は 寒いから、上着を 着よう。 〔　　〕

ア 主語　**イ** 述語　**ウ** 修飾語　**エ** 接続語　**オ** 独立語

例題2 次の文から、主語と述語を抜き出しなさい。

① 弟の 担任の 先生は、とても 優しい。
主語〔　　〕 述語〔　　〕
② 休日は、僕も 昼ごはんを 作る。
主語〔　　〕 述語〔　　〕

例題3 次の——線の自立語を、**A**活用するものと**B**活用しないものに分けて、記号で答えなさい。

・ア夏は暑い。イだけど、私は夏がウ好きだ。照りつける太陽の下で、エきらきら光るプールの水しぶき、オ大きな入道雲。私には、全てカ美しくキ輝いて見える。クああ、夏はいい。

攻略のカギ　動詞の活用表

活用の種類	基本形（言い切りの形）	語幹（変化しない部分）	未然形（ーない ーう ーよう）	連用形（ーます ーた ーて）	終止形（ー。）	連体形（ーとき ーので）	仮定形（ーば）	命令形（ー。）
五段活用	切る	き	ら ろ	り っ	る	る	れ	れ
上一段活用	着る	（き）	き	き	きる	きる	きれ	きろ きよ
下一段活用	受ける	う	け	け	ける	ける	けれ	けろ けよ
カ行変格活用	来る	○	こ	き	くる	くる	くれ	こい
サ行変格活用	する ～する	○	し せ さ	し	する	する	すれ	しろ せよ

活用しない

④**名詞（体言）**…物事の名前を表し、主語になることができる。

⑤**副詞**…「どのように」などを表し、主に連用修飾語になる。

⑥**連体詞**…連体修飾語になる。

⑦**接続詞**…接続語になる。

⑧**感動詞**…独立語になる。

・ああ（感動詞）、疲れた。でも（接続詞）、まだ（副詞）大きな（連体詞）仕事（名詞）がある。

(2) **付属語**＝単独では文節を作れない語

・活用する

⑨**助動詞**…他の語に付いて、意味を添える。

・活用しない

⑩**助詞**…他の語に付いて、意味を付け加えたり、語句と語句の関係を表したりする。

付属語は他の言葉にくっついて文節を作るよ。

・ほめられ（助動詞（受け身））れ ば（助詞（条件））／誰でも（助詞（類推））／うれしかろう（助動詞（推量））。

例題4 次の動詞の活用の種類を後から一つずつ選び、記号で答えなさい。

A〔　　〕　B〔　　〕

① 見る〔　　〕　② 勝つ〔　　〕　③ 寝る〔　　〕
④ 来る〔　　〕　⑤ 罰する〔　　〕

ア 五段活用　**イ** 上一段活用　**ウ** 下一段活用
エ カ行変格活用　**オ** サ行変格活用

「……ない」の形にしたとき、「ない」の前が「ア段」なら五段活用、「イ段」なら上一段活用、「エ段」なら下一段活用。カ変とサ変は覚えてしまおう。

例題5 次の文から、付属語を全て抜き出しなさい。

・一生懸命作った作品を友達にほめられて、うれしい。
〔　　　　　　〕

例題6 次の――線の単語の品詞名を後から一つずつ選び、記号で答えなさい。

・食後に①ゆっくりお茶を飲も②う。
・遠足は、来週③に延期され④ます。
・⑤青い⑥小さな花が咲く。

①〔　　〕　②〔　　〕
③〔　　〕　④〔　　〕
⑤〔　　〕　⑥〔　　〕

ア 動詞　**イ** 形容詞　**ウ** 形容動詞　**エ** 名詞
オ 副詞　**カ** 連体詞　**キ** 接続詞　**ク** 感動詞
ケ 助動詞　**コ** 助詞

ここで学んだ内容を次で確かめよう！

問題を解こう

30分

／100点

1 次の文を、例にならって文節に区切りなさい。 2点×5（10点）

例 夕日が／水平線を／赤く／染める。

① 僕は毎朝妹と学校へ行く。

② 混雑を避けて買い物を済ます。

③ 公園の真ん中に大きな木がある。

④ 突然空が暗くなり、雨が降り出した。

⑤ イルカは超音波で仲間と会話している。

⑤のように「……ている」という形のときは、「て」の後で文節が区切れるよ。

2 次の――線の文節は、文の成分としては何に当たりますか。後から一つずつ選び、記号で答えなさい。 2点×13（26点）

① [a]私は目が[b]悪いので、一番前の[c]席に座っている。

a（　　）b（　　）c（　　）

② [a]朝から忙しくて食事も[b]とれない。[c]ああ、おなかがすいた。

a（　　）b（　　）c（　　）

③ [a]僕も、[b]日曜日は自分の部屋を掃除すると[c]決めた。

a（　　）b（　　）c（　　）

④ [a]うん、僕は[b]行けるよ。[c]でも、[d]岩田《いわた》さんは来られないよ。

a（　　）b（　　）c（　　）d（　　）

ア 主語　イ 述語　ウ 修飾語　エ 接続語　オ 独立語

活用するかどうかは、「ない」や「た」を続けてみて見分けよう。

3 次の――線の文節どうしの関係を後から一つずつ選び、記号で答えなさい。 2点×5（10点）

① ストーブの前に猫がいる。（　　）

② 冬用のコートを着たので、暖かい。（　　）

③ グラウンドの草を全員で抜く。（　　）

④ 父が眼鏡を探している。（　　）

⑤ 弁当と水筒を持って行く。（　　）

ア 主・述の関係　イ 修飾・被修飾の関係　ウ 接続の関係　エ 補助の関係　オ 並立の関係

複数の文節が対等に並んでいたら、並立の関係だよ。後の文節が意味を補っている関係を、補助の関係といって、「……て／いる」「……て／みる」などの形があるよ。

4 次の単語から活用する自立語を三つ選び、記号で答えなさい。また、その品詞名を書きなさい。 完答3点×3（9点）

ア 楽しい　イ ジョギング　ウ おおらかだ　エ いわゆる　オ 使用する　カ ゆっくり

記号（　　）品詞（　　）

記号（　　）品詞（　　）

記号（　　）品詞（　　）

5 次の文から、付属語を全て抜き出し、助動詞と助詞に分けて書きなさい。（完答3点）

・おこづかいをためて、買いたいスニーカーがあります。

助動詞（　　　　）
助　詞（　　　　）

まずは文節に、次に単語に分けて考えるといいよ。その後、単語を自立語と付属語に分けよう。付属語は、他の単語にくっつく言葉だから、それだけでは意味がわからない言葉だね。

最後に助動詞か助詞かを見極めよう。後に続く言葉によって形が変わるのが助動詞、変わらないのが助詞だよ！

6 次の――線の単語の品詞名を後から一つずつ選び、記号で答えなさい。　2点×10（20点）

・①ねえ、②どの本がいい？　どれも③おもしろいよ。④読み終わったら⑤ぜひ⑥感想を聞きたいな。⑦でも、⑧無理に⑨話してとは⑩言わないよ。

①（　　）②（　　）③（　　）④（　　）
⑤（　　）⑥（　　）⑦（　　）⑧（　　）
⑨（　　）⑩（　　）

ア 動詞　**イ** 形容詞　**ウ** 形容動詞　**エ** 名詞
オ 副詞　**カ** 連体詞　**キ** 接続詞　**ク** 感動詞
ケ 助動詞　**コ** 助詞

7 次の――線の動詞について、活用の種類を**A**群から、活用形を**B**群から一つずつ選び、記号で答えなさい。　完答2点×5（10点）

① テレビの音量を下げろ。
② その問題は私にはわからない。
③ いつもより五分早く起きれば間に合う。
④ 近くに来るときは、声をかけてください。
⑤ たくさん勉強して、弁護士になりたい。

①（　・　）②（　・　）③（　・　）
④（　・　）⑤（　・　）

A
ア 五段活用　**イ** 上一段活用　**ウ** 下一段活用
エ カ行変格活用　**オ** サ行変格活用

B
ⓐ 未然形　ⓑ 連用形　ⓒ 終止形
ⓓ 連体形　ⓔ 仮定形　ⓕ 命令形

活用の種類は「ない」を付けた形にしたときの「ない」の直前の音、活用形は――線の後の語から判断しよう。

8 次の（　）に当てはまる副詞を、後から一つずつ選んで書きなさい。　3点×4（12点）

①（　　　）たくさん食べたい。
② 周囲に聞こえないように（　　　）ささやく。
③ 同じ学校でも（　　　）会わない。
④（　　　）優勝したら、お祝いしようね。

そっと　めったに　もし　もっと

2日目はここまで。

3日目 説明文・論説文①

解答 > p.6

要点を確認しよう

① 指示語 ⬇ 例題1

角に、郵便局があるでしょ。そこを左に曲がって……
あっ、聞いてなかった。「そこ」ってどこ?

「そこ」、「これ」のように、物や人、場所を指し示す言葉を、**指示語**といいます。

	話し手に近い	聞き手に近い	両方から遠い	わからない
事物	これ	それ	あれ	どれ
場所	ここ	そこ	あそこ	どこ

攻略のカギ　指示語と指示内容

指示内容をとらえる問題の解き方

①指示語を含む文章を読み、指示語の指す**内容を予想**する。
②指示語の指す内容を**前から探していく**。
③答えを指示語の部分に**当てはめて確認**する。
→うまく当てはまらないときは「**こと**」「**もの**」などを**補う**。

「それ」が指すのはどっち?

例 兄が下絵を描き、妹がそれに色をつける。
→× 妹が兄に色をつける。
→○ 妹が下絵に色をつける。

※「それ」に当てはめる。

例題1 次の文章を読んで、問題に答えなさい。

地球に生命が生まれたのは、およそ四十億年前と考えられています。はじめは細胞がひとつしかない細菌のようなものでした。それが子孫をのこしていくのにつごうのよい体の形にぐうぜん変わっていく進化をくりかえし、魚があらわれたのが約五億年前になります。

〈山本省三《やまもとしょうぞう》「ヒトの親指はエライ!」による〉

それ が指す内容を、文章中から十八字で抜き出し、初めと終わりの五字を書きなさい。

“子孫をのこしていくのにつごうのよい体の形に変わっていく進化をくりかえした”のは何(どんなもの)かな。

文章中の指示語「それ」の前に注目して探すよ! 見つかったら**指示語の部分に当てはめて、答えが合っているか確認**しよう。

□□□□□ 〜 □□□□□

② 接続語 ⬇ 例題2

接続語ってなんだっけ？
文と文とを接続する、つまり、つなぐ言葉だよ。ところで、おなかすかない？

「つまり」、「ところで」のように、文と文や言葉と言葉を接続する言葉を、**接続語**といいます。

ハイッ

表のグループごとに、役割と主な接続語を覚えよう！

順接	前が後の原因・理由	例 だから・それで・したがって
逆接	前と後が逆の内容	例 しかし・けれども・ところが
並列・累加	並べる・付け加える	例 そして・また・それから
対比・選択	比べる・選ぶ	例 または・あるいは・それとも
説明・補足	まとめる・補う	例 つまり・なぜなら・例えば
転換	話題を変える	例 さて・ところで・では

攻略のカギ　接続語補充

空欄に接続語を当てはめる問題の解き方

①空欄の**前と後の内容**を確認し、**接続語の種類**を予想する。
→空欄が複数あるときは、わかるものから選んで、選択肢を絞り込んでいく。

②選択肢から、予想した**接続語の種類に合うもの**を選ぶ。

例題2　次の文章を読んで、問題に答えなさい。

今、多くの場所で使われている太陽電池の性能は、降りそそぐ太陽光エネルギーが100の量だとすると、電気にかえられるのはそのうちの10から20ほどです。これを、変換効率が10%から20%といいます。

［A］、くもりの日は太陽光が弱くて、電気をあまりつくれません。夜はまったく発電できません。風車を回して発電する風力発電も、風が吹かないと風車が回らなくて発電できません。

［B］、太陽光や風力発電をじょうずに利用するには、少ないエネルギーをむだなく使ったり、発電できないときのために電気をためておいたりする技術が必要になります。

〈木村英樹《きむらひでき》「ソーラーカーで未来を走る」による〉

［　］A・Bに当てはまる接続語の組み合わせとして適切なものを次から一つ選び、記号で答えなさい。

ア　A・また　B・例えば　　**イ**　A・そして　B・だから
ウ　A・さて　B・または　　**エ**　A・つまり　B・しかし

Aの前では、〝太陽電池の変換効率がよくない〟ことを述べていて、後では〝くもりの日は太陽光が弱くて、電気をあまりつくれない〟ことを付け加えているね。

ここで学んだ内容を次で確かめよう！

〔　　〕

30分

100点

1 次の文章を読んで、問題に答えなさい。（45点）

農作物を栽培するときには、毎年、同じ作物を連続して作ると、うまく育たなかったり、枯れてしまったりすることがある。①この現象は「連作障害」と呼ばれている。そのため、作物を育てる場所を替えていかなければならないのである。

［A］、田んぼは毎年、同じ場所でイネばかりを作っている。それなのに、どうして連作障害が起こらないのだろうか。

連作障害の原因には、作物の種類によって土の中の栄養分を偏って吸収するために、土の中の栄養分のバランスが崩れてしまうことや、作物の根から出る物質によって自家中毒を起こしてしまうことがある。［B］、同じ作物を栽培することで、土壌中にその作物を害する病原菌が増えてしまうということがある。

ところが、田んぼは水を流している。②このことによって、余った栄養分は洗い流され、新しい栄養分が供給される。また、生育を抑制する有害物質も洗い流してくれる。さらには、水を入れたり乾かしたりする田んぼでは、同じ病原菌が増加することも少ない。

③そのため、田んぼでは連作障害が起こらないのである。

〈稲垣栄洋《いながきひでひろ》「イネという不思議な植物」による〉

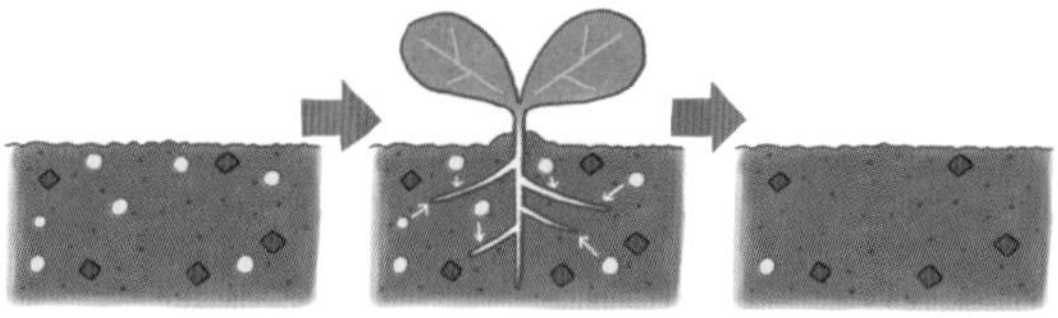

▶土壌の栄養分のバランスが崩れる仕組み

前の部分から指示語が指す内容を探し、指示語に当てはめて意味が通じるかどうかを確かめよう。

(1) ①この現象 とは、どのような現象ですか。それを説明した次の文の［　］に当てはまる言葉を、文章中から二十一字で抜き出しなさい。（15点）

・毎年、同じ場所で同じ農作物を栽培すると、［　　　　］現象。

(2) ［　］A・Bに当てはまる言葉を次から一つずつ選び、記号で答えなさい。5点×2（10点）

ア だから　**イ** あるいは　**ウ** なぜなら　**エ** つまり　**オ** ところが

A（　　）　B（　　）

(3) ②このこと とは、どのようなことですか。書きなさい。（15点）

（　　　　）

(4) ③そのため は、どのような働きをしていますか。次から一つ選び、記号で答えなさい。（5点）

ア 前の内容を原因・理由とした結果を述べる働き。

イ 前の内容とは異なる話題に転換する働き。

ウ 前の内容とは反対の内容を述べる働き。

エ 前の内容と後の内容とを比べる働き。

（　　）

2 次の文章を読んで、問題に答えなさい。（55点）

強い人は、強い敵がいるから、①それに負けまいと自分の力を出す。やっつけたい相手がいるからこそ、負けまいと願うからこそ、ひとりでは出せない力が出てくるということを、心のどこかで、意識はしなくとも、感じているものである。こういう好敵手を敬愛する心の深さをもっている人は、ライバルがいなくなっても、重大な打撃を受けなくてすむであろう。

それほどの実力のない人、ライバルを怖《おそ》れ、実際に勝負すれば勝てない、と自分で不安に思っている人は、ライバルがいなくなることを表面はともかく、内心は喜ぶにちがいない。これで、勝てない相手が一人へった。そんな風にひそかに胸をなでおろす。②そういう人には、とんでもないことがおこる。

強力なライバルに向かって緊張と努力をしていたのが、急にその目標、目的を見失って、力をふりしぼって繰り出すパンチが、打つべき敵がいなくなって、空を切る。これは、自分で自分を攻撃しているに等しいから、相手に当たるブロー＊よりはるかに体力を消耗《しょうもう》させる。③つまり、攻撃目標を失った攻撃は、結局のところ、自分自身を攻撃しているのと同じことになるのである。

好敵手がいなくなれば、相手から倒されることはなくなる代わりに、自分で自分を攻めて自滅することになる。ライバルの健在を祈るのは、相手のためではなく、□自分のためだということになる。

〈外山滋比古《とやましげひこ》「忘却《ぼうきゃく》の整理学」による〉

＊ ブロー…ボクシングの用語で、「打撃」のこと。

(1) ①それ とは、何を指していますか。文章中から五字以内で抜き出しなさい。（15点）

(2) ②そういう人 とは、どのような人のことですか。「ライバルがいなくなったときに、……」に続くように、二十五字以内で書きなさい。（30点）

ライバルがいなくなったときに、

(3) ③つまり は、どのような働きをしていますか。次から一つ選び、記号で答えなさい。（5点）

ア 前の内容と比べたりどちらかを選んだりする働き。
イ 前の内容を原因・理由とした結果を述べる働き。
ウ 前の内容をまとめたり補ったりする働き。
エ 前の内容とは反対の内容を述べる働き。

（　　）

(4) □に当てはまる言葉を次から一つ選び、記号で答えなさい。（5点）

ア しかし　**イ** だから
ウ 例えば　**エ** むしろ

（　　）

3日目はここまで。

4日目 説明文・論説文②

解答 p.8

要点を確認しよう

① 事実と意見 ➡ 例題1

今日は傘を持っていくべきだよ。
ええ!? こんなに晴れているのに?

90%
天気予報では午後から雨だからね。
なるほど!

筆者が自分の意見を述べるときには、そう考える根拠（理由）として、具体的な体験や実験・観察の結果などの事実が示されます。

説明文や論説文を読むときは、どこまでが事実で、どこからが意見なのか、区別して読もう。

攻略のカギ　事実と意見の読み分け

事実や意見を表す表現に注目する。

事実	「……だ。」「……である。」「……（して）いる。」「実際、」「……によると、」「……だとわかっている。」
意見	「大切なのは」「……と考える。」「……べきだ。」「……といえる。」「……ではないだろうか。」

例題1 次の文章を読んで、問題に答えなさい。

①現在では、より正確な時間を知るために、水晶の物理的特性を利用したクォーツ時計や、標準時との対応を定期的に同期させる電波時計などがよく使われています。②電波時計が依拠する、標準時の基準とする時計として、原子の周波数に基づく原子時計が用いられています。

③このように、正確に時間を刻む時計が利用できるからこそ、秒単位、分単位での時間が私たちの生活の中に入ってきたといえます。

〈一川誠《いちかわまこと》「『時間の使い方』を科学する」による〉

①〜③の文は、事実と意見のどちらを述べていますか。「事実」と「意見」に分けて、番号で答えなさい。

文の内容だけでなく、文末表現にも注目して、事実か、意見かをつかもう。

①・②は「……います。」、③は「……といえます。」かぁ。上の表で確認しよう!

ピーッ

事実（　　）
意見（　　）

❷ 要点・要旨 ⇒ 例題2

要旨をまとめる宿題が出たんだけど、どうしたらいいのかな？

要旨かあ。あれ？要点とは違うの？

形式段落の中で、最も重要な内容を要点といい、文章全体を通して筆者が最も述べたいと考えている内容を要旨といいます。

要点は各段落の中心文、要旨は文章の結論部分に注目すると、とらえることができるよ。

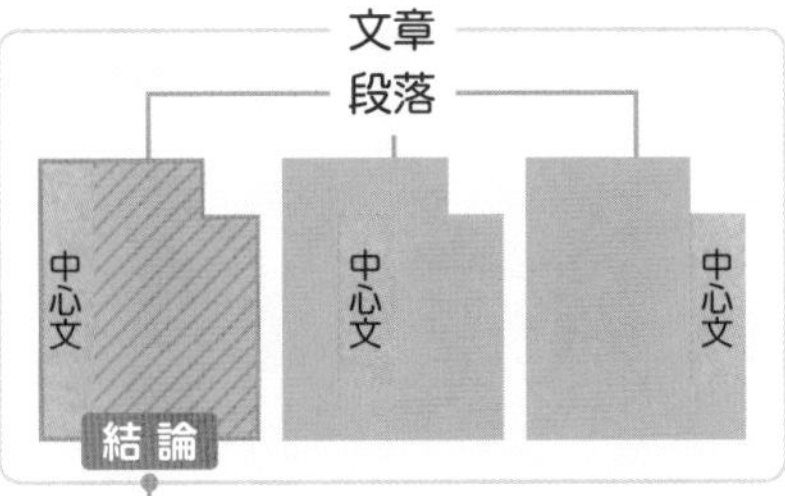

結論の探し方

・文章の最初か最後にあることが多い。
・「つまり」「このような」などの、結論を導く言葉に注目して探す。

攻略のカギ 要点と要旨のとらえ方

要点のとらえ方

▼キーワード（繰り返し出てくる言葉）に注目して、何について述べている段落なのかをつかむ。
▼段落の中心文（中心になる文）を探す。

要旨のとらえ方

▼キーワードや題名に注目して、文章全体の話題をつかむ。
▼結論が書かれた段落を探し、その中心文をとらえる。

例題2 次の文章を読んで、問題に答えなさい。

海のなかで生まれた細胞が「進化」をし、多細胞化して植物や動物になり、動物の中で骨がかたちづくられて魚になった仲間から陸に上がって両生類、は虫類、鳥類、哺乳類となり、そして人間になった。昆虫《こんちゅう》の仲間も大事ですね。このように生きものは、みんな共通の祖先を持っているのです。校庭を歩いているアリも、三十八億年前からずっと続いてきて今の姿になった。皆さんのお腹《なか》の中にいるバクテリアも、もとをたどれば三十八億年前に遡《さかのぼ》ることができます。

つまり、皆さんも含めて地球上の生きものは、体のなかに三十八億年の歴史を持っているのです。

〈中村桂子《なかむらけいこ》「私のなかにある38億年の歴史」による〉

✎ この文章の要旨として適切なものを次から一つ選び、記号で答えなさい。

要旨は「文章全体を通して筆者が最も述べたいこと」だったよね。まずは、結論が書かれた段落を探そう。

ア　海で生まれた細胞が進化して、植物や動物になった。
イ　地球上の全ての生きものは、共通の祖先を持っている。
ウ　人間の歴史は、はるか三十八億年前に遡ることができる。
エ　地球上の生物は、体内に三十八億年の歴史を持っている。

〔　　〕

ここで学んだ内容を次で確かめよう！

問題を解こう

30分

/100点

1 次の文章を読んで、問題に答えなさい。（50点）

1 人の目を気にすることの一番の弊害は、「失敗」を恐れるようになることだ。そもそも脳にとって、失敗は賢くなるためのステップ。失敗によっていらない回路を消し、今日より明日、明日より明後日《あさって》と賢い脳に進化していく。失敗を経験した脳は、睡眠中に海《かい》馬《ば》＊1がその失敗を反芻《はんすう》し、いらない回路を消して、同じ失敗を繰り返さないように学んでいくのだが、そのプロセスなしに、脳は生きていくための直感力とでもいうべき〝つかみとセンス〟を手に入れることができないのだ。

2 だから、特に若い人たち（もちろん熟年世代も）、もっともっと失敗をしよう！　失敗して恥をかいて、とやかく言う人がいたら、大らかに「ごめんなさい！」と謝ってしまえばいいじゃない？　失敗して恥をかいて、謝って、リカバってる＊2人って、すごくチャーミングに見える。失敗は魅力をつくる。いい男やいい女になるために、絶対に必要なのだ。

3 それでも、失敗が怖い、とやかく言われたくないという人には「自分ではなく、興味やプロフェッショナリティ＊3にスポットライトを当てて」と伝えている。

4 「素敵なキャリアウーマンになりたい」とか、「カッコいいビジネスパーソンになりたい」と、自分にスポットライトを当てていると、失敗したときに自分が全否定されたように感じて、世界がガラガラと崩れてしまう。

5 しかし、研究者が「世界一の人工知能をつくりたい」とか、編集者が「読者が泣いて喜ぶようないい本を出したい」とか、それぞれが、その興味やプロフェッショナリティに光を当てておけば、失敗したり、挫折したりしたときに、「まだまだやれることがある」と思えるはずなのだ。

＊1　海馬…記憶に重要な関係をもつ脳の一部分。
＊2　リカバって…「リカバリーして」の略。「回復して」という意味。
＊3　プロフェッショナリティ…ここでは、「専門分野」という意味。

〈黒川伊保子《くろかわいほこ》「『ぐずぐず脳』をきっぱり治す！　人生を変える7日間プログラム」による〉

文章の最初と最後に着目して結論の段落を探し、特に中心となる文を押さえよう。

(1) 特に若い人たち……失敗をしよう　とありますが、筆者がこのように述べるのは、なぜですか。事実を基に説明している一文を抜き出し、初めと終わりの五字を書きなさい。（15点）

□□□□□ ～ □□□□□

(2) この文章を二つに分けるとすると、後半はどこから始まりますか。段落番号を答えなさい。（15点）

（　　）段落

(3) この文章で筆者が最も述べたかったこととして適切なものを次から一つ選び、記号で答えなさい。（20点）

ア 失敗するのが怖い人は、専門性の高い職業に就くとよい。
イ 魅力的な人間になるためには、恐れず失敗するべきだ。
ウ 人の目を気にしてばかりいると、余計に失敗する。
エ 他人の失敗に対して、とやかく言うべきではない。（　　）

2 次の文章を読んで、問題に答えなさい。（50点）

1 世の中の動きを知るには、テレビのニュースや情報番組もいいのですが、やはりベースは新聞に置いておきたいものです。

2 新聞は毎日毎日同じような情報が書いてあるだけじゃないかと思っている人もいるかもしれませんが、少しずつ少しずつ新情報が積み上げられているのです。日本経済だって中国経済だって＊永田町《ながたちょう》だって日々少しずつ動きがあるのです。そのわずかかもしれない動きを、新聞を読んで感じることが必要なのです。

3 知識をきちんと定着させるためには、ペンキ塗《ぬ》りに似た作業が不可欠です。ペンキは一回塗っただけでは綺麗《きれい》に塗れません。二回塗り、三回塗り、四回塗りと、塗りを重ねていくことによってムラなく綺麗な仕上がりになるのです。

4 新聞も同じように出来るだけ毎日読んでいく。そうすることによって、ムラなく、幅の広い知識が身につきます。

5 大学での勉強は、学問体系としては非常によくまとまっているものですが、必ずしも現代性があるものばかりではありません。だから、大学の授業で勉強した知識は、学生同士ならともかく、それ以外の人との会話のネタにはなかなかなりにくいのです。

6 しかし新聞で扱っているネタは、情報としてもしっかりしている上に、今日を生きる私たちに共通の話題です。「いま起きていること」ですから関心度も高いのです。

7 こんな格好の情報源は他には見当たりません。毎日目を通すことをぜひ習慣にしておくべきです。〈齋藤孝《さいとうたかし》「すごい『会話力』」による〉

＊ 永田町…ここでは、「日本の政界」という意味。

(1) **1・2段落の関係について説明した次の文の□に当てはまる言葉を後から一つ選び、記号で答えなさい。**（10点）

・1段落で述べた筆者の意見に対して2段落で□を示し、それに反論することによって自身の主張の説得力を高めている。

ア 予想される反対意見　**イ** 従来の考え方
ウ 例外となる特殊条件　**エ** 科学的な根拠

（　　）

(2) 大学の授業で勉強した……なりにくい **とありますが、筆者がこのように述べるのはなぜですか。次の文の（　）に当てはまる言葉を、文章中から一語で抜き出しなさい。**（15点）

・大学では必ずしも（　　）のあることばかりを勉強するわけではなく、全ての人に共通する話題にはならないから。

(3) **この文章の要旨を、次の書き出しに続くように、二十字以内で書きなさい。**（25点）

新聞は情報源として最適なので、

4日目はここまで。

小説①

要点を確認しよう

① 登場人物 ⇒ 例題1

どんなお話を読んでるの？
えーと、僕が冒険に出る話で……。

え、君が？
違う、違う。「僕」は、本の中のソウタっていう……いや、レンのことだったかな？あれ、誰のことだっけ？

場面を読み取るには、「誰が―どうした」のかを整理することが大切です。この「誰」に当たるのが**登場人物**です。

攻略のカギ　登場人物のとらえ方

人物に関わる表現に注目！

▼**名前やあだ名**　例 伊藤《いとう》 夢《ゆめ》・ヒロくん・黒岩《くろいわ》先輩

▼**関係を示す表現**　例 兄・先生・恋人《こいびと》

▼**代名詞**　例 僕・私・彼・彼女

同じ人物がいろいろな呼び方で出てくることがあるから、注意しよう！　初めて出てきた人物に◯や□などの印を付けながら読んでいくといいよ。

例題1　次の文章を読んで、問題に答えなさい。

孝俊《たかとし》、保生《やすお》、タオ。おれたちは四人で一緒《いっしょ》に遊ぶようになった。おれはそれがうれしくて仕方ない。島の中二男子は、おれたちしかいないのだ。みんなで仲よく過ごしたい。

保生の特訓で、タオは足ひれがなくても泳げるようになり、宗《そう》見《み》港の飛び込みポイントでは、頭からの飛び込みができるようになった。すごい進歩だ。タオは慎重派だけど好奇心旺盛で、飲み込みが早かった。

〈椰月美智子《やづきみちこ》「14歳の水平線」による〉

(1) この文章の登場人物は何人ですか。漢数字で書きなさい。

（　　）人

人を表す言葉に注目しよう。

(2) タオの人物像がわかる一文を文章中から抜き出し、初めの五字を書きなさい。

タオはどんな性格かな？

解答 p.10

2 人物像 ↓ 例題1

サッカーの練習試合、負けちゃった。次は、絶対に勝つぞ！
君は負けず嫌いだね。きっと勝てるよ！

人物像とは、登場人物がどのような人かということです。

攻略のカギ 人物像のとらえ方

登場人物の外見と内面に注目！
▼外見…**年齢・職業・身体的特徴など**
▼内面…**性格・考え方**

幼稚園児
泣き虫

3 出来事 ↓ 例題2

昨日見た映画が、おもしろかったよ。
へえ、どんな映画？
すごくいい映画！
それじゃわからないよ。

「誰が―どうした」の「どうした」に当たるのが**出来事**です。**出来事をとらえることで、場面を押さえ、物語の展開をつかむことができます。**

攻略のカギ 出来事のとらえ方

登場人物の行動・様子・言葉⬇**出来事**（何が起きているか）

例 ミサキはトモカに「ごめん。」と言った（言葉・行動）。トモカはミサキにほほえみ返した（言葉・行動）。↓**出来事＝仲直り・和解**

例題2 次の文章を読んで、問題に答えなさい。

やはり言い出せなかった。ロードバイクで生きていきたい、と。
沈黙が続く。
言うか言わないか。
ここで人生が決まる、と思った。
「俺、行きたいんだ、全国大会。ロードバイクが好きなんだ」
巧海《たくみ》は言った。
返事はない。
「それで、俺、ロードバイクの選手になりたい」
なんとか言えた。言えただけでも十分かもしれない。
船のローンの返済がある。漁師のなり手も少ない。祖父母の面倒も見なければならないし、父を一人にしておくわけには――。

〈土橋《どばし》章宏《あきひろ》「眠り姫のロード」による〉

この文章では、どのような場面が描かれていますか。適切なものを次から一つ選び、記号で答えなさい。

ア 巧海が、無口な父親の本心がわからずに悩んでいる場面。
イ 父親が、巧海の全国大会出場をひそかに喜んでいる場面。
ウ 巧海が、勇気を出して自分の夢を父親に伝えている場面。
エ 父親が、家庭の厳しい状況を巧海に打ち明けている場面。

［　　］

「誰が―どうした」のかに注目して場面をとらえよう。地の文（会話以外の文）が主に巧海の視点であることにも注意！

ピーッ
ここで学んだ内容を次で確かめよう！

問題を解こう

30分

／100点

1 次の文章を読んで、問題に答えなさい。（45点）

〈小学六年生の「オレ（沢《さわ》くん）」は、幼いときからピアノを習っている。ある日、学級会で合唱コンクールについて話し合った。〉

『今日の議題　ピアノ伴奏者決め』

①鶴田《つるた》さんが書いた白い文字が、正面の黒板に宙ぶらりんで浮かんでいる。

それをながめながら、オレは考えた。イライラするのは、本当に、このじとっとした雰囲気のせいなんだろうか。

ますます強くなる貧乏《びんぼう》ゆすりのひざの上で、ツンツンする指も止まらない。オレは、はっとした。この動きは、ピアノを弾いている指と同じじゃないか。

だれかが言いだせばいいことなのに。さっきからそう思っていた。そのだれかって、もしかして……。じつは、このオレだ。オレがピアノを弾きたいって思っているんだ。

オレは、おなかにぐっと力を入れた。

「やってもいいよっ」

みんなの視線がいっせいに集まった。

とたん、オレは急に不安におそわれた。ひとりで空まわりしてるやつだ、って思われたらどうしよう。

でも、鶴田さんは、ほっとしたようだ。

「わあ、よかった。沢くん、ピアノ習ってるものね。ありがとう！」

②「上手《うま》くできるかわかんないけど。オレ、歌うと音程はずしそうなんで」

てれくさくなったので、冗談《じょうだん》を言ったら本気にされた。

「沢くん、オンチだったんだ」

〈横田明子《よこたあきこ》「四重奏《カルテット》デイズ」による〉

「いつ・どこで・誰が・何をしている」のかを押さえて、登場人物の性格や考え方をとらえよう。

(1) この文章は、どのような場面ですか。次の文の□に当てはまる言葉を、文章中から六字で抜き出しなさい。（10点）

・合唱コンクールの□□□□□□を決める場面。

(2) ①鶴田さんが書いた白い文字が、正面の黒板に宙ぶらりんで浮かんでいる。とありますが、どのような状況を表していますか。適切なものを次から一つ選び、記号で答えなさい。（10点）

ア 合唱コンクールを目前に控え、皆が浮き足立っている状況。
イ 話し合いが進まず、クラスに重い雰囲気が漂っている状況。
ウ 鶴田さんの無責任な性格が、書いた文字に表れている状況。
エ 議論の激しさに、進行役の鶴田さんが疲れ果てている状況。

(3) ②「上手くできるかわかんないけど。オレ、歌うと音程はずしそうなんで」とありますが、「オレ」がこう言ったのはなぜですか。「鶴田さんに……」に続くように書きなさい。（25点）

・鶴田さんに（　　　　　　　　）

2 次の文章を読んで、問題に答えなさい。（55点）

小学五年生の少年は、バスに乗って入院中の母親を見舞っている。三冊目の回数券が最後の一枚になった日に乗ったバスの運転手は、何度か注意されたことがあって苦手に思っていた河野《かわの》さんだった。

整理券を運賃箱に先に入れ、回数券をつづけて入れようとしたとき、とうとう泣き声が出てしまった。

「どうした？」と河野さんが訊《き》いた。「なんで泣いてるの？」――ぶっきらぼうではない言い方をされたのは初めてだったから、逆に涙が止まらなくなってしまった。

「財布《さいふ》、落としちゃったのか？」

泣きながらかぶりを振って、回数券を見せた。

じゃあ早く入れなさい――とは、言われなかった。

河野さんは「どうした？」ともう一度訊いた。

その声にすうっと手を引かれるように、少年は嗚咽《おえつ》交じりに、回数券を使いたくないんだと伝えた。母のこともしゃべった。新しい回数券を買うと、そのぶん、母の退院の日が遠ざかってしまう。ごめんなさい、ごめんなさい、と手の甲で目元を覆った。警察に捕まってもいいから、この回数券、ぼくにください、と言った。

河野さんはなにも言わなかった。かわりに、小銭《こぜに》が運賃箱に落ちる音が聞こえた。目元から手の甲をはずすと、整理券と一緒《いっしょ》に百二十円、箱に入っていた。もう前に向き直っていた河野さんは、少年を振り向かずに、「早く降りて」と言った。「次のバス停でお客さんが待ってるんだから、早く」――声はまた、ぶっきらぼうになっていた。

〈重松清《しげまつきよし》「バスに乗って」による〉

---

(1) この文章は、どのような場面ですか。次の文の□に当てはまる言葉を、文章中から三字で抜き出しなさい。（20点）

・少年がバスの運賃箱に［　　　］を入れようとして泣き出した場面。

(2) 小銭が運賃箱に落ちる音が聞こえたとありますが、どのようなことが起きたのだと考えられますか。最も適切なものを次から一つ選び、記号で答えなさい。（10点）

ア 母親思いの少年に心を動かされた他の乗客が、少年の分も運賃を払ったということ。

イ 少年の後ろにいた乗客が、待ちきれずに先に運賃を払って降りたということ。

ウ 河野さんにせかされて焦《あせ》った少年が、現金で運賃を払ったということ。

エ 少年の事情を聞いた河野さんが、かわりに運賃を払ったということ。

（　　）

(3) 河野さんは、どのような人物だと考えられますか。二十字以内で書きなさい。（25点）

5日目はここまで。

6日目

小説②

要点を確認しよう

1 心情 ⇒ 例題1

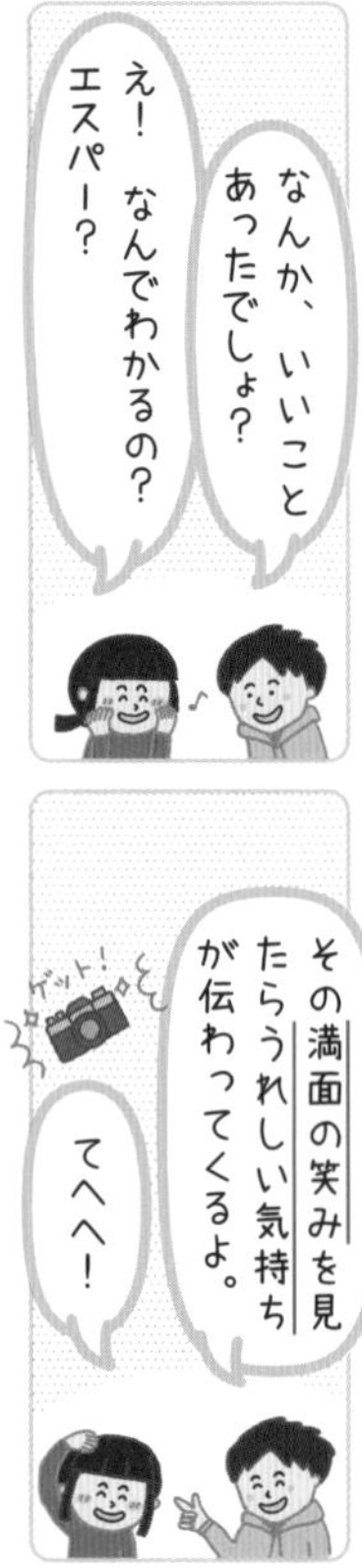
なんか、いいことあったでしょ?
え! なんでわかるの? エスパー?
その満面の笑みを見たらうれしい気持ちが伝わってくるよ。
ゲット!
てへへ!

登場人物の**心情**は、直接表現する以外に、人物の行動・言葉・様子、情景描写などから読み取ることができます。

攻略のカギ　心情の読み取り

心情を表す要素に注目!

▼**直接心情を表す言葉** 例 うれしい・悲しい

▼**人物の**
- **行動** 例 スキップする〈喜び〉
- **言葉** 例 「絶対許せない。」〈怒り〉
- **心内語** 例 (おかしいぞ。)〈疑い〉
- **様子** 例 顔を赤らめる〈恥ずかしい〉

▼**情景描写** 例 見上げた空に虹がかかっていた。〈晴れやかだ〉

情景描写には、その情景を見ている人や、そこにいる人の気持ちが表れているよ。

例題1 次の文章を読んで、問題に答えなさい。

蛙《かえる》の鳴き声がしきりに聞こえる田んぼの畦道《あぜみち》をしばらく歩いたあと、山道へと入っていった。咲子《さきこ》ちゃんのお父さんは、何度も振り返って「迷子になるんやなかぞー」と声をかけた。日はどんどん落ちて、山道は暗くなってきていた。それぞれ手に持っていた懐中電灯《かいちゅうでんとう》をともした。その光の中に小さな虫が飛んでいる。

こんなところで迷子になったら、一生出られなくなってしまいそうだ。私は、空が暗くなりかけてからずっと繋《つな》いでいた咲子ちゃんの手に、さらにぎゅっと力を入れた。

〈東直子《ひがしなおこ》「いとの森の家」ポプラ社刊 による〉

✎ この場面の「私」の心情として適切なものを次から一つ選び、記号で答えなさい。

ア 悲しみ　**イ** 不安　**ウ** 驚き　**エ** 疑い

〔　　〕

「私」は「迷子になったら、一生出られなくなってしまいそうだ」と感じて、咲子ちゃんと繋いでいた手にさらに力を入れるという行動をしているんだね。

解答 p.12

❷ 主題 ↓ 例題2

作文の宿題、一文字も書けない！
じゃあ、まず主題を決めてごらん。
主題？
どんなことを伝えたいかってことだよ。
僕とショウ君の熱い友情について書くぜ！
うおおお

作者が文章を通して表現しようとしていることを**主題**といいます。主題は作品の中心となるもので、作者の考え方や感じ方、思想などが表れています。

主題は、どこかにまとめて書かれているのではなく、作品全体を通して読み取るものだよ。

攻略のカギ　主題のとらえ方

- 話が盛り上がる場面＝**山場（クライマックス）**に注目！
  - 例 苦しいマラソンのゴールの瞬間　隠していた本心を親に伝える
- 主要な人物の**心情の変化**に注目！
  - 例 腹を立てていた相手を許す　嫌いだった自分を好きになる

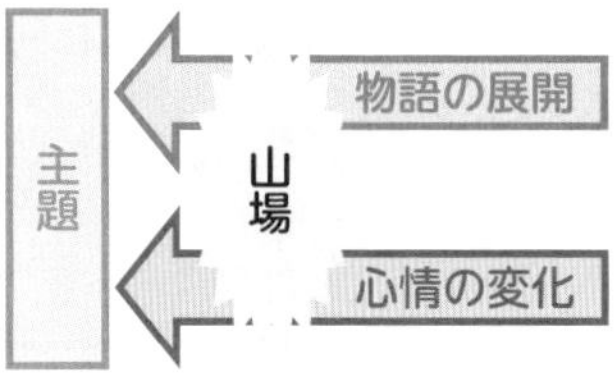
物語の展開
心情の変化
山場
主題

例題2 次の文章を読んで、問題に答えなさい。

〔理子《りこ》とさつきはスキージャンプの有望選手である。〕

もう逃げない。どんなに辛《つら》くても這《は》いあがってみせる。

「さつきは私に勝ったと思っていないと言ってくれたけど、事実私は負けたんだから」

理子の横顔はきりりと凜々《りり》しく、暗がりの中でもなによりきれいだった。

「今度は私が、さつきを追いかける。そして、追い抜く」

さつきは、まだこんな経験をしていないんだから――理子は語気も強く言い切る。

「これを乗り越えられたら、私は前より強くなる。負けたくない。さつきにも、甲斐《かい》さんにも、斉藤《さいとう》さんにも。なにより、逃げたい気持ちにも」

〈乾《いぬい》ルカ「向かい風で飛べ！」による〉

✎ この文章の主題として適切なものを次から一つ選び、記号で答えなさい。

ア ライバルとの間に生まれた、友情の美しさ。
イ 勝負の厳しさを知って、とまどう気持ち。
ウ 友情を捨てて、勝負に生きようとする決意。
エ 困難に向き合い、乗り越えようとする姿勢。

〔　　〕

「もう逃げない」「這いあがってみせる」「負けたくない」などの表現から理子の心情の変化をとらえ、主題を読み取ろう。

ここで学んだ内容を次で確かめよう！

30分

100点

1 次の文章を読んで、問題に答えなさい。（50点）

こころは怪我《けが》をした堂島《どうじま》先輩の代役で野球部に入ったが、退部しようか迷っている。以前所属していた美術部顧問の雨音《あまね》先生に「野球部のために入部してやったのか」と問われ、自分の気持ちを振り返る。

「野球が、好きだから……」

こころは自分の言葉をかみしめるように、小さくつぶやいた。

言ってみて、そうだと思った。そうだ、野球が好きになったから、入ったのだ。初めは偶然に関わらされたことだったけど、知らず知らずに夢中になってしまっていた。だから入ったのだ。

雨音先生は黙ったまま、深くうなずいた。それから、

「もう一つ、わからないこと」と、続けた。

「あなたのためにポジションを奪われた子は、なんのために野球部に入ってるのかな」

①雨音先生の瞳《ひとみ》が、こころを見つめた。

こころは、雨音先生に見つめられて、はっとした。

（好きだからだ）

すぐにその言葉が、こころの中ではじけた。そうだ、堂島さんも、洋太《ようた》も、好きだから野球をやっているに違いない。もしかしたら、自分なんかより何倍も純粋《じゅんすい》な気持ちで野球をやっているかもしれない。そう思ったとき、こころは②自分の大きな勘違いに気づいたような気がした。自分が、堂島さんや洋太のために退部しようとするなんてばかげている。自分の思い上がりに過ぎない。二人に対して失礼な気がした。

〈横沢彰《よこさわあきら》「ナイスキャッチ！　Ⅲ」による〉

心情を表す言葉だけでなく、登場人物の言動や様子を表す表現にも着目して、心情をとらえよう。

(1) ①雨音先生の瞳が、こころを見つめた。とありますが、このときの雨音先生の気持ちとして適切なものを次から一つ選び、記号で答えなさい。（10点）

ア こころの信頼に応えるために有用なアドバイスをしたい。

イ こころに人の気持ちを思いやれるようになってほしい。

ウ こころ自身の力で大切なことに気がついてほしい。

エ こころの本当の気持ちをどうにか探りたい。

（　　）

(2) ②自分の大きな勘違い とは、どういうことですか。次の文の□に当てはまる言葉を、二十字以内で書きなさい。（25点）

・他の部員のために自分が□ということ。

(3) 作者がこの場面を通して最も描きたかったことは、何だと考えられますか。それを説明した次の文の□に当てはまる言葉を、文章中から十三字で抜き出しなさい。（15点）

・自分をはじめ、みんなも□ことに、こころが気づく様子。

2 次の文章を読んで、問題に答えなさい。（50点）

望音《もね》と太郎《たろう》は東京の美術大学で絵画を学んでいる。自分の絵に自信がもてなくなった望音は、イギリス王立芸術院「ロイヤル・アカデミー（ロイアカ）」へ留学するかどうか悩んでいる。

「ロイアカだよ？　マジですごいじゃん！　俺、望音が海外に行って勉強したあと、どんな絵を描くのか、めちゃくちゃ見てみたいよ」

①「見てみたい？」

望音は目をぱちぱちさせながら太郎を見る。

「そう、たぶん俺だけじゃないよ。ゼミのみんなだって、荒川《あらかわ》さんとか他科のみんなも、今の話を聞いたら、望音の絵がどんな風になるか知りたいって答えると思うよ。望音だって見てみたいと思わないの？　海外に身を置くことで『自分の絵』がどんな風に変わっていくのか」

そう言われて、はじめて望音は思い出す。

絵は自分にとって「見たい世界」を描くものだった。

でもいつのまにか、熟知した世界ばかり描くようになっていた。②描くことは冒険であり旅のはずなのに、安心するために、自分を守るために、自分の殻に籠城《ろうじょう》してただただ描きやすいものばかり選んでいた。

この美大に来てから、とくに森本《もりもと》ゼミに入ってから、少しずつ島にいた頃の自分には描けなかったものも描けるようになったのに、あの卒業制作のプランは、それ以前の自分の自己模倣《もほう》でしかなかった。

もう島から出て行かなくちゃ。

もっと広くて未知の世界に足を踏み入れなくちゃ。

〈一色《いっしき》さゆり「ピカソになれない私たち」による〉

(1) ①「見てみたい？」とありますが、この言葉から読み取れる望音の気持ちを、二十五字以内で書きなさい。（25点）

(2) ②描くことは冒険であり旅のはず とは、どういうことですか。次の文の□に当てはまる言葉を、文章中から十字で抜き出しなさい。（15点）

・望音にとって、絵を描くことは、自分の□ことだったということ。

(3) 作者がこの場面を通して最も描きたかったこととして適切なものを次から一つ選び、記号で答えなさい。（10点）

ア 狭く小さな世界ばかりを描いていた望音の絵が、留学によってどのように変化したのかを、太郎たちが確かめている様子。

イ いつのまにか無難な絵ばかりを描くようになっていた望音が、太郎の言葉によって、一歩踏み出そうと決意する様子。

ウ 森本ゼミに入った望音が、自分の殻を破り、島にいた頃には描けなかったような「自分の絵」を作り上げた様子。

エ 美大に入学した望音が、ゼミや他科の仲間たちと励まし合いながら「自分の絵」を見つけ出そうと努力する様子。（　）

6日目はここまで。

詩・短歌

要点を確認しよう

① 詩歌の表現技法 → 例題1

草花の水やりから始まる優雅な朝。新芽が「おいしい！」って言ってるね。

コーチは言うことが詩的なんだよ。
体言止めと擬人法を使っているね。さすが！

詩歌の鑑賞では、**表現技法**を手がかりに、情景や心情、主題などを読み取ります。

攻略のカギ　詩歌の表現技法

作者は、印象を強めたり、深めたりしたいところに**表現技法**を使っているから、表現技法に注目することで、作者の伝えたいことが読み取りやすくなるよ。

比喩（たとえ）	
直喩（明喩）	「ようだ」などの言葉を使って直接たとえる。 例 **花のように**やさしく笑う。
隠喩（暗喩）	「ようだ」などの言葉を使わずにたとえる。 例 彼女は僕に**氷のほほえみ**を向けた。
擬人法	人でないものを人に見立てて表現する。 例 **木々の葉がざわざわと騒ぎたてる。**

例題1 次の詩を読んで、問題に答えなさい。

紙風船

黒田《くろだ》三郎《さぶろう》

落ちて来たら
今度は
もっと高く
もっともっと高く
何度でも
打ち上げよう

美しい
願いごとのように

この詩で使われている表現技法を次から全て選び、記号で答えなさい。

ア 直喩　**イ** 擬人法　**ウ** 倒置
エ 体言止め　**オ** 反復　**カ** 対句

「もっと高く」「もっともっと高く」の部分は同じ言葉が繰り返し使われているね。

解答 p.14

倒置	語順を入れかえ、前の言葉を強調する。 例 大きく吸い込もう、この春の空気を。
体言止め	行末を体言（名詞）で止め、余韻を残す。 例 遠くに見える稲光。
反復	同じ言葉を繰り返し、印象を強める。 例 何度も、何度も、その名前を呼んだ。
対句	似た組み立ての表現を並べ、リズムを生む。 例 朝には太陽を仰ぎ、夜には月を眺める。

② 短歌の形式 ⇒ 例題2

短歌の音数は、5＋7＋5＋7＋7……あれ？ どこまで足したっけ？
「三十一《みそひと》文字」と覚えるといいよ。

短歌は、五・七・五・七・七の三十一音を原則とする定型詩です。

攻略のカギ 短歌の基礎事項

短歌の形式と句切れ

五音（初句） 向日葵《ひまは(わ)り》は
七音（第二句） 金の油を
五音（第三句） 身にあびて　→上の句
七音（第四句） ゆらりと高し／
七音（結句） 日のちひ《(い)》ささよ　→下の句
前田夕暮《まえだゆうぐれ》

句切れ …意味の切れ目。この短歌は四句切れ。

※定型より音数の多いものを**字余り**、音数の少ないものを**字足らず**という。

「美しい／願いごとのように」の部分には、比喩を表す「ように」が使われているよ。さらに語順にも注意しよう。

例題2 次の短歌を読んで、問題に答えなさい。

「寒いね」と話しかければ「寒いね」と答える人のいるあたたかさ　俵万智《たわらまち》

(1) この短歌で使われている表現技法を次から二つ選び、記号で答えなさい。

ア 直喩　**イ** 隠喩　**ウ** 擬人法
エ 倒置　**オ** 体言止め　**カ** 反復

〔　　〕〔　　〕

「体言止め」は、短歌の最後に注目！

(2) この短歌の主題として適切なものを次から一つ選び、記号で答えなさい。

ア 冬の寒さの中に感じた春の気配。
イ 自分に素直になることの難しさ。
ウ 冬でも暖かく過ごすための工夫。
エ 身近な人とのつながりの大切さ。

〔　　〕

ここで学んだ内容を次で確かめよう！

問題を解こう

30分

/100点

1 次の詩を読んで、問題に答えなさい。（55点）

忘れもの

高田敏子《たかだとしこ》

入道雲にのって
夏休みはいってしまった
「サヨナラ」のかわりに
素晴らしい夕立《ゆうだち》をふりまいて

けさ　空はまっさお
木々の葉の一枚一枚が
あたらしい光とあいさつをかわしている

だがキミ！　夏休みよ
もう一度　もどってこないかな
忘れものをとりにさ

迷子のセミ
さびしそうな麦わら帽子
それから　ぼくの耳に
くっついて離れない波の音

詩や短歌は、表現技法が用いられている部分に着目して、描かれた情景を味わおう。

(1) この詩の種類を、漢字五字で答えなさい。（5点）

(2) 第一連に使われている表現技法を次から全て選び、記号で答えなさい。（完答5点）

ア 倒置　**イ** 体言止め　**ウ** 直喩
エ 対句　**オ** 擬人法

（　　　）

(3) 忘れもの とは、何ですか。詩の中から三字程度で、三つ抜き出しなさい。10点×3（30点）

(4) この詩の主題を、「……気持ち。」に続くように、二十字以内で書きなさい。（15点）

気持ち。

2 次の短歌を読んで、問題に答えなさい。（45点）

A たとへ《(え)》ば君　ガサッと落葉《おちば》すくふ《(う)》やう《(よう)》に私をさらつ《(っ)》て
行つ《(っ)》てはくれぬか　河野裕子《かわのゆうこ》

B 子供とは球体ならんストローを吸ふ《(う)》ときしんと寄り目となりぬ　小島《こじま》ゆかり

C 思い出の一つのようでそのままにしておく
麦わら帽子のへこみ　俵万智《たわらまち》

D 街をゆき子供の傍《そば》を通る時蜜柑《みかん》の香《か》*せり冬がまた来る　木下利玄《きのしたりげん》

E 草わかば色鉛筆の赤き粉《こ》のちるがいとしく寝て削《けづ(ず)》るなり　北原白秋《きたはらはくしゅう》

＊ 香せり…香りがした。

(1) **A**～**E**の短歌の中から、定型より字数が多いものを全て選び、記号で答えなさい。（完答5点）

（　　　）

(2) **A**～**E**の短歌の中から、体言止めが使われているものを一つ選び、記号で答えなさい。（5点）

（　　　）

(3) **B**の短歌と**D**の短歌は、何句切れですか。それぞれ漢数字で答えなさい。5点×2（10点）

B（　　）句切れ　**D**（　　）句切れ

(4) 冬がまた来る　とありますが、なぜ作者はこのように感じたのですか。二十五字以内で書きなさい。（15点）

(5) 次の①・②の文は、**A**～**E**の短歌のうち、どの短歌について述べたものですか。一つずつ選び、記号で答えなさい。5点×2（10点）

① 絵を描こうとわざわざ春の野原にやって来たのに、対照的な色彩の美しさに心を奪われ、寝転んで色鉛筆を削り続ける作者の姿が詠《よ》まれている。

② まず子供の丸みを帯びた顔や体に注目し、次に飲み物を飲むときの真剣な表情を描くことで、我が子に対する作者の温かい愛情が伝わってくる。

①（　　）　②（　　）

8日目 古文・漢文

解答 p.16

要点を確認しよう

1 歴史的仮名遣い ⇒ 例題1

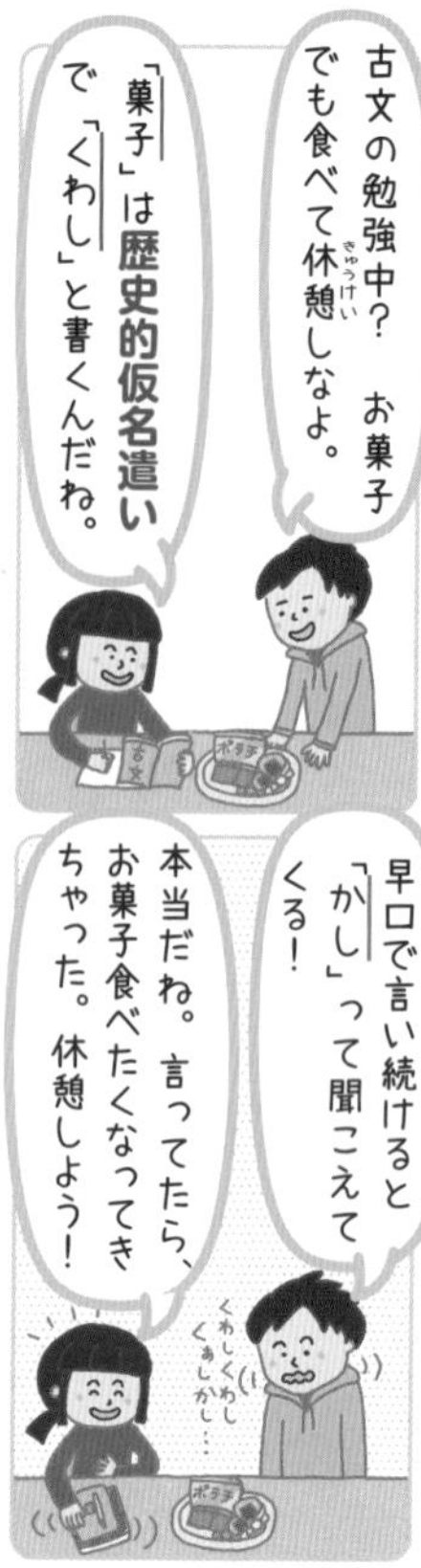

古文の勉強中？　お菓子でも食べて休憩《きゅうけい》しなよ。
「菓子」は歴史的仮名遣いで「くわし」と書くんだね。
早口で言い続けると「かし」って聞こえてくる！
くわしくわし くゎしかし…
本当だね。言ってたら、お菓子食べたくなってきちゃった。休憩しよう！

古文は、**歴史的仮名遣い**で書かれています。読むときにはルールに従って、**現代仮名遣い**に直して読みます。

攻略のカギ　歴史的仮名遣いと現代仮名遣い

歴史的仮名遣い	現代仮名遣い	例
（語頭と助詞以外の）は・ひ・ふ・へ・ほ	わ・い・う・え・お	あはれ→あわれ
ぢ・づ	じ・ず	みづ→みず（水）
ゐ・ゑ・を	い・え・お	こゑ→こえ（声）
ア段＋う（ふ）	オ段＋う	あうむ→おうむ
イ段＋う（ふ）	イ段＋ゅう	きうり→きゅうり
エ段＋う（ふ）	イ段＋ょう	けふ→きょう（今日）
くわ・ぐわ	か・が	くわし→かし（菓子）
む	ん	なむ→なん

例題1　次の文章を読んで、問題に答えなさい。

今は昔、竹取の翁《おきな》といふものありけり。野山にまじりて竹を取りつつ、①よろづのことに②使ひけり。名をば、さぬきのみやつことなむいひける。その竹の中に、もと光る竹なむ一筋ありける。あやしがりて、寄りて見るに、筒の中光りたり。それを見れば、三寸ばかりなる人、いとうつくしうてゐたり。

（野山にまじりて竹を取りつつ：野山に分け入って竹を取っては／よろづの：さまざまな／もと：根もと／あやしがりて：不審に思って／三寸：三寸／三寸ばかりなる人：（約九センチメートル）ほどの人が／いとうつくしうてゐたり：とても□様子で座っている）

〈「竹取物語」による〉

(1) ①よろづ、②使ひけり を現代仮名遣いに直し、全て平仮名で書きなさい。

① [　　　　]

② [　　　　]

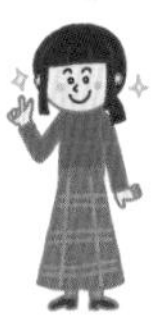

歴史的仮名遣いになっているのは、①「づ」、②「ひ」だね。

(2) うつくしうてゐたり について、後の各問いに答えなさい。

1 「うつくしうてゐたり」を現代仮名遣いに直しなさい。

❷ 古語の意味 ⬇ 例題1

「をかし」って、「お菓子」のこと?「おかしい」ってこと?

古文の「をかし」は「趣がある」という意味だよ。

古文に出てくる言葉には、現代では使われなくなった言葉や、意味が変わってしまった言葉があります。

攻略のカギ 古語の意味

古語	意味	古語	意味
あはれ	趣深い	つきづきし	ふさわしい
いと	とても	つとめて	早朝
いみじ	ひどい	ののしる	大声で騒ぐ
うつくし	かわいらしい	やうやう	だんだん

ののしる

❸ 漢文の訓読 ⬇ 例題2

漢文を日本語の順序で読むために、漢字の左下に付けて、読む順序を示す記号を**返り点**といいます。返り点に従って、日本語として読んだ文を**書き下し文**といいます。

攻略のカギ 返り点のルール

返り点	読み方	例
レ点	まず下の一字を読み、上に返ってレ点の付いた漢字を読む。	②読ムレ①書ヲ。（書を読む。）
一・二点	一点の付いた字まで先に読み、二点の付いた字に返って読む。	③見ル二①天②空ヲ一。（天空を見る。）

---

2 「うつくしうてゐたり」の意味をまとめた次の文の〔　〕に当てはまる言葉を書きなさい。

・〔　　〕様子で座っている。

例題2 次の各文を読んで、問題に答えなさい。

A 百聞ハ①不《ず》レ如《し》カ二一見ニ一。

意味 百回聞くのは一回見るのに及ばない。〈「漢書」による〉

B 不レンバ入ラ二虎《こ》穴《けつ》ニ一、②不レ得二虎子ヲ一。

意味 虎のすむ穴に入らなければ、虎の子を手に入れられない。〈「後漢書」による〉

(1) ①不レ如二一見一 の書き下し文として適切なものを次から一つ選び、記号で答えなさい。

ア 一見に不如か　**イ** 一見に如かず

ウ 如かず一見に　**エ** 一如か見に不

〔　　〕

「不」は「ず」と読むときには平仮名で書くよ。

(2) ②不レ得二虎子一 の書き下し文を書きなさい。

〔　　〕

ピーッ

ここで学んだ内容を次で確かめよう!

問題を解こう

30分

100点

1 次の文章を読んで、問題に答えなさい。（50点）

〔聖海上人《しょうかいしょうにん》は仲間と共に、*丹波《たんば》の国にある出雲《いずも》神社を参拝した。〕

御前《おまへ》なる（神社の御前にある）獅子《しし》・狛犬《こまいぬ》、背きて、後《うしろ》さまに（（互いに）背を向けて、後ろ向きに）立ちたりければ、上人《しやうにん》いみじく感じて（感動して）、「あなめでたや（ああ（、）すばらしい）。この獅子の立ちやう（立ち方は）、①いとめづらし。深き故《ゆゑ》あらん」と涙ぐみて、「いかに殿原《とのばら》（どうです（、）皆さん）、殊勝の事は御覧じとがめずや。無《む》下《げ》なり（このすばらしいことをご覧になって不思議に思いませんか。情けない）」と言へば、各《おのおの》怪《あや》しみて、誠《まこと》に他にことなりけり。都のつとに語らん（都への土産話にしよう）など言ふに、上人なほゆかしがりて、おとなしく（年配で）物知りぬべき顔したる（物事をよく知っていそうな顔をした）神官《じんぐわん》を呼びて、「この御《み》社《やしろ》の獅子の立てられやう、定めて習ひあることに侍《はべ》らん（きっといわれのあることでしょう）。ちと承《うけたまは》らばや」と言はれければ、「その事に候《さぶら》ふ。さがなき童《わらはべ》ども（いたずらな子供たちが）の仕《つかま》りける、奇怪に候ふことなり（けしからぬことです）」とて、さし寄りて（近寄って）、据ゑなほして往《い》にければ（行ってしまったので）、②上人の感涙いたづらになりにけり（むだになってしまった）。

〈兼好《けんこう》法師「徒然草《つれづれぐさ》」による〉

＊丹波の国…昔の国名の一つ。現在の京都府中部と兵庫県の中東部にあった。

助詞や主語を補ったり、現代語訳を手がかりにしたりして、登場人物や場面、出来事を押さえよう。

(1) 立ちやうを現代仮名遣いに直し、全て平仮名で書きなさい。（10点）

（　　　　）

(2) この文章には、「　」の付いていない会話文が一箇所あります。それを抜き出し、初めと終わりの三字を書きなさい。（15点）

□□□～□□□

(3) ①いとは、どのような意味ですか。次から一つ選び、記号で答えなさい。（10点）

ア とても　**イ** 意図がありそうで

ウ 今どき　**エ** 価値がありそうで

（　　）

(4) ②上人の感涙いたづらになりにけりとありますが、それはなぜですか。「上人が感動した獅子の立ち方は、……」に続くように、現代語で書きなさい。（15点）

・上人が感動した獅子の立ち方は、

（　　　　　　　　）

2 次の文章を読んで、問題に答えなさい。（50点）

【書き下し文】

宋人《そうひと》に田を耕す者有り。田中《でんちゅう》に株有り。兎《うさぎ》走りて株に触れ、頸《くび》を折りて死す。①因《よ》りて其《そ》の耒《すき》を釈《す》てて株を守り、復《ま》た兎を得むと冀《ねが》ふ。兎復た得《う》べからずして、②身は宋国の笑《わらひ》と為《な》れり。今、先王の政《まつりごと》を以《もつ》て、当世の民《たみ》を治めむと欲《ほつ》するは、皆株を守るの類《るゐ》なり。

宋の国の人に
切り株があった
切り株にぶつかり
そこで（その男は）耒を捨てて切り株を見守り
二度と得られ
なかったので
男は宋国中の笑い者となった
昔の王の政治のやり方で
現代の
民衆を治めようと望むのは
見守る男の同類である

【訓読文】

宋人有リ二耕スレ田ヲ者一。田中ニ有リレ株。兎走リテ触レレ株ニ、折リテレ頸ヲ而死ス。因釈其耒而守株、冀フ二復タ得ムトレ兎ヲ。兎不《ず》シテレ可ベカラ二復タ得一、而身ハ為レリ二宋国ノ笑ト一。今、欲下スルハ以テ二先王之《の》政ヲ一、治メムト中当世之民ヲ上、皆守ルレ株ヲ之類也《なり》。

〈「韓非子《かんぴし》」による〉

＊ 耒…田畑を耕す道具。

(1) ①因りて其の耒を釈てて株を守りとありますが、このように読むことができる訓読文を次から一つ選び、記号で答えなさい。（10点）

ア 因リテ釈テテレ其ノレ耒ヲレ而守リ株ヲ

イ 因リテレ釈テテ二其ノ耒ヲ而守リ一株ヲ

ウ 因リテ釈テテ二其ノ耒ヲ一而守リレ株ヲ

エ 因リテレ釈テテ其ノ耒ヲレ而守リレ株ヲ

（　　）

(2) ②身は宋国の笑と為れりとありますが、その理由を説明した次の文の□に当てはまる言葉を、現代語で書きなさい。（15点）

・もう一度□ことを願って切り株を見守っていたから。

（　　）

(3) この漢文から生まれた故事成語を、【訓読文】の中から漢字二字で抜き出しなさい。（15点）

□□

(4) この漢文の内容に合うものを次から一つ選び、記号で答えなさい。（10点）

ア 他人に笑われても、自分の意志を貫き通せばいつかやり遂げることができる。

イ 一つのことを究めようと努力している者を、皆で笑い物にするのはよくない。

ウ 昔のことを研究すれば、そこから新しい考え方や知識を得ることができる。

エ 古い習慣にこだわって、時代に合ったやり方を取り入れないのはよくない。

（　　）

8日目はここまで。

特集

入試によく出る！漢字の読み書き TOP50 & TOP50

小学六年生で習った漢字は、実は入試で頻出！ 中学で習う新しい読み方も大事だよ。答えは問題のすぐ後、p.40を見てね。

読み

① 公約を掲げる。（　）
② 雑誌に掲載する。（　）
③ 新入生歓迎会を催す。（　）
④ フルマラソンに挑む。（　）
⑤ 嫌な雰囲気が漂う。（　）
⑥ 期待に心が弾む。（　）
⑦ 彼とは頻繁に会う。（　）
⑧ 朗らかに笑う。（　）
⑨ 今日は波が穏やかだ。（　）
⑩ 緩やかな傾斜を登る。（　）
⑪ 舞台に演台を据える。（　）
⑫ 抑揚をつけて話す。（　）
⑬ 曖昧でよくわからない。（　）
⑭ 著しい変化が見られる。（　）
⑮ 中学校生活を顧みる。（　）
⑯ 緩急をつけた投球。（　）
⑰ 先人の軌跡をたどる。（　）
⑱ クラスの親睦を深める。（　）
⑲ 美しい旋律を奏《かな》でる。（　）
⑳ 足袋を履く。（　）
㉑ 復習に時間を費やす。（　）
㉒ 包丁を研ぐ。（　）
㉓ 目的を遂げる。（　）
㉔ 決勝戦に臨む。（　）
㉕ 事態を把握する。（　）
㉖ 資料を頒布する。（　）
㉗ 雑草が繁茂する。（　）
㉘ 二人の仲を隔てる。（　）
㉙ 生産量世界一を誇る。（　）
㉚ 決められた予算で賄う。（　）
㉛ 話が矛盾している。（　）
㉜ 愉快な気分になる。（　）
㉝ ステージに喝采を送る。（　）
㉞ 精緻な細工を施す。（　）
㉟ 前例を踏襲する。（　）

㊱ 部屋の隅に棚を置く。（　　）
㊲ 政権を掌握する。（　　）
㊳ 陰謀を企てる。（　　）
㊴ 十月も半ばを過ぎた。（　　）
㊵ 好奇心が旺盛だ。（　　）
㊶ 鮮やかな色彩。（　　）
㊷ 儀式が厳かに進行する。（　　）
㊸ 彼女を委員長に推す。（　　）
㊹ 任地に赴く。（　　）
㊺ 優しい口調で語る。（　　）
㊻ 生き物の気配がする。（　　）
㊼ 優勝に貢献する。（　　）
㊽ 看護の仕事に就く。（　　）
㊾ 人生の岐路に立つ。（　　）
㊿ 現実から目を背ける。（　　）

書き

❶ 太陽の光をアびる。（　　）
❷ 手荷物をアズける。（　　）
❸ エイセイ放送を受信する。（　　）
❹ 的をイた意見。（　　）
❺ センモン店で買う。（　　）
❻ フクザツな模様。（　　）
❼ 薬局をイトナむ。（　　）
❽ 畑をタガヤす。（　　）
❾ 映画のヒヒョウを読む。（　　）
❿ 写真をガクに入れる。（　　）
⓫ 図書館で本をカりる。（　　）
⓬ 妹と私はよくニている。（　　）
⓭ ヒタイに汗をかく。（　　）
⓮ ボウエキで利益を得る。（　　）
⓯ 商品を紙でホウソウする。（　　）
⓰ 特別講師をマネく。（　　）
⓱ 民意にユダねる。（　　）
⓲ 不足分をオギナう。（　　）
⓳ カンダンの差が大きい。（　　）
⓴ 彼のコウセキをたたえる。（　　）
㉑ 社員をヒキいる。（　　）
㉒ 公園に若者がムれている。（　　）
㉓ ユウビン局で切手を買う。（　　）
㉔ セーターをアむ。（　　）
㉕ 機械を上手にアヤツる。（　　）
㉖ イキオいよく戸を開ける。（　　）

㉗ ウチュウ飛行士になる。

㉘ バスのウンチンを払う。

㉙ エンジュクした演技。

㉚ 学校までオウフクする。

㉛ オサナい子を世話する。

㉜ 友達に漫画をカす。

㉝ カンケツにまとめる。

㉞ 野菜を細かくキザむ。

㉟ 父はキンベンだ。

㊱ 穏やかにクらす。

㊲ 民主主義のコンカン。

㊳ 紅茶にサトウを入れる。

㊴ 海辺をサンサクする。

㊵ ジュンジョを守る。

㊶ 政界からシリゾく。

㊷ セイケツな部屋。

㊸ 屋根から雨水がタれる。

㊹ 母から手紙がトドく。

㊺ 万国ハクラン会を開く。

㊻ 勇気をフルう。

㊼ ミキから枝が伸びる。

㊽ 生徒をミチビく。

㊾ メンミツな計画。

㊿ みかんを籠にモる。

答え

読み ①かか ②けいさい ③もよお ④いど ⑤ただよ ⑥はず ⑦ひんぱん ⑧ほが ⑨おだ ⑩けいしゃ ⑪す ⑫よくよう ⑬あいまい ⑭いちじる ⑮かえり ⑯かんきゅう ⑰きせき ⑱しんぼく ⑲せんりつ ⑳たび ㉑つい ㉒と ㉓と ㉔のぞ ㉕はあく ㉖はんぷ ㉗はんも ㉘へだ ㉙ほこ ㉚まかな ㉛むじゅん ㉜ゆかい ㉝かっさい ㉞ほどこ ㉟とうしゅう ㊱すみ ㊲しょうあく ㊳くわだ ㊴なか ㊵おうせい ㊶あざ ㊷おごそ ㊸お ㊹おもむ ㊺くちょう ㊻けはい ㊼こうけん ㊽つ ㊾きろ ㊿そむ

書き ❶浴 ❷預 ❸衛星 ❹射 ❺専門 ❻複雑 ❼営 ❽耕 ❾批評 ❿額 ⓫借 ⓬似 ⓭額 ⓮貿易 ⓯包装 ⓰招 ⓱委 ⓲補 ⓳寒暖 ⓴功績 ㉑率 ㉒群 ㉓郵便 ㉔編 ㉕操 ㉖勢 ㉗宇宙 ㉘運賃 ㉙円熟 ㉚往復 ㉛幼 ㉜貸 ㉝簡潔 ㉞刻 ㉟勤勉 ㊱暮 ㊲根幹 ㊳砂糖 ㊴散策 ㊵順序 ㊶退 ㊷清潔 ㊸垂 ㊹届 ㊺博覧 ㊻奮 ㊼幹 ㊽導 ㊾綿密 ㊿盛

コーチと入試対策!

8日間 完成

中学1・2年の総まとめ
国語

解答と解説

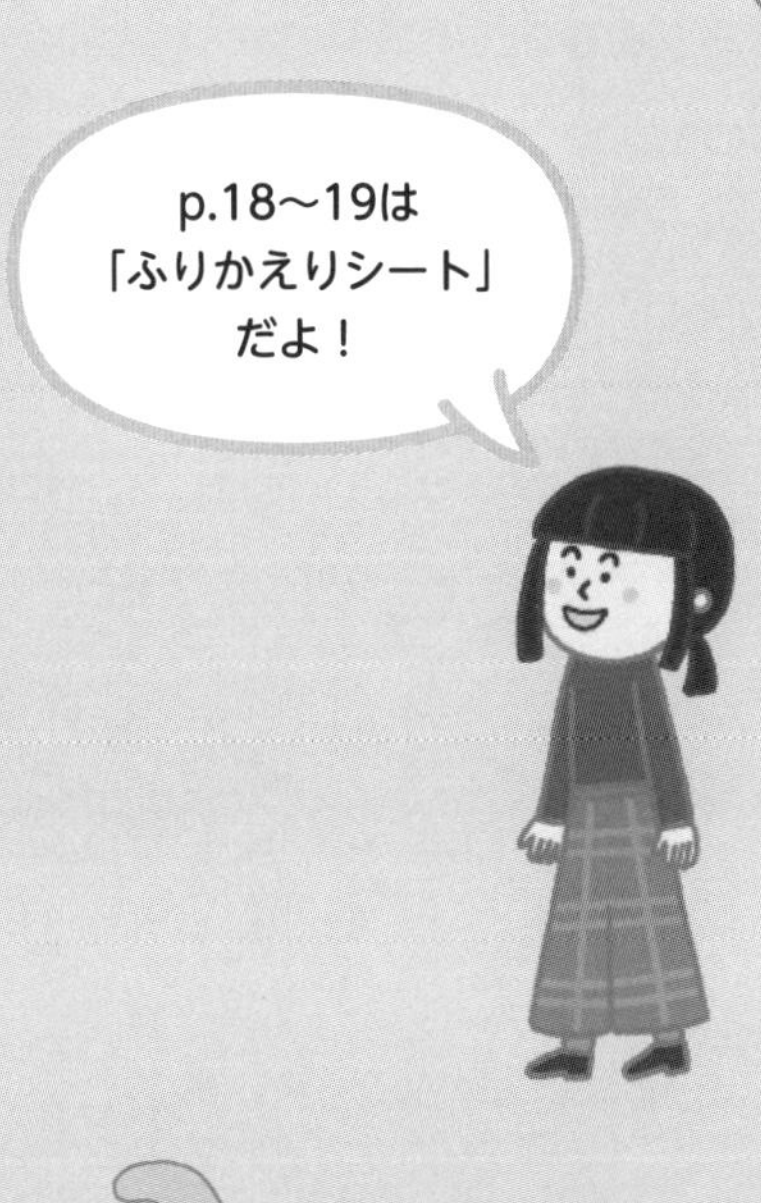

「解答と解説」は
取りはずして使おう!

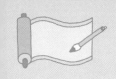

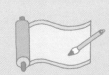

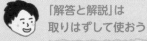

例題 p.6~7

1 ①訪ねる ②温かい ③遺志 ④補習

2 ①**エ** ②**ア** ③**ウ** ④**カ** ⑤**オ** ⑥**イ**

1 ②「暖かい」は「寒い」の対義語、「温かい」は「冷たい」の対義語と覚えましょう。③・④は共通していない方の漢字に注目しましょう。「遺志」の「遺」は残すという意味です。

2 ③「市が営む」⑤「退く↑病院を」⑥「貧しい↕富む」という構成です。

3 ①**エ** ②**イ** ③**ア** ④**ア**

4 ①**カ** ②**ウ** ③**エ** ④**ア** ⑤**オ** ⑥**イ**

3 ①「心配」の類義語は他に「懸念《けねん》」などもあります。②「意」と「案」はともに、考えた内容という意味があります。③「需要」の対義語は「供給」です。④「一般」の対義語は「特殊」です。

4 ⑤「蛇足」は絵を描く競争で蛇に足を描いて負けた故事からできた言葉です。

問題を解こう p.8~9

1 ①「痛む」は、痛いと感じることで、「傷む」は、傷が付くなどして劣化することです。②「敗れる」は負ける、「破れる」は裂けたり壊れたりすることです。③「納税」「収穫・収拾」「統治」「修学旅行」などの熟語から、それぞれの漢字の意味を考えましょう。「収める」は、中に入る、手に入れるなどの意味を表します。

1 次の（ ）に当てはまる漢字を書きなさい。 2点×8（16点）

① A 頭がずきずきと（痛《いた》）むので薬を飲んだ。
B 買っておいたりんごが（傷《いた》）んでしまった。

② A 決勝戦で惜しくも（敗《やぶ》）れる。
B 転んで服が（破《やぶ》）れる。

③ A 税金を（納《おさ》）める。
B 成功を（収《おさ》）める。
C 国を（治《おさ》）める。
D 学問を（修《おさ》）める。

2 次の――線の片仮名を漢字で書きなさい。 2点×7（14点）

① 部長の提案にイギを唱える。（異議）
② 働くことのイギを考える。（意義）
③ 工場のキカイを動かす。（機械）
④ 先生に質問するキカイを得た。（機会）
⑤ 二人の考え方はタイショウ的だ。（対照）
⑥ 幼児をタイショウとした絵本。（対象）
⑦ 左右タイショウのデザイン。（対称）

3 次の熟語と構成が同じものを後から一つずつ選び、記号で答えなさい。 2点×5（10点）

① 往復 **ア** 因果 **イ** 未然 **ウ** 晩年 **エ** 養育 （ア）
② 思考 **ア** 閉幕 **イ** 正誤 **ウ** 柔軟 **エ** 愛犬 （ウ）
③ 地震 **ア** 援助 **イ** 雷鳴 **ウ** 脱線 **エ** 願望 （イ）
④ 潜水 **ア** 別離 **イ** 避難 **ウ** 苦楽 **エ** 湖面 （イ）
⑤ 最大 **ア** 失恋《しつれん》 **イ** 教育 **ウ** 非常 **エ** 直線 （エ）

4 次の言葉の類義語（＝）、または対義語（↕）になるように、□に当てはまる漢字を後から選んで書きなさい。 2点×5（10点）

① 値段＝□格（価）
② 用意＝□備（準）
③ 義務↕□利（権）
④ 失敗↕成□（功）
⑤ 長所↕□所（短）

功　価　短　権　準

語群選択問題は、わかる問題から先に解こう！

3 ①「往↕復」、**ア**「(原)因↕(結)果」、**イ**「未(打ち消し)然」、**ウ**「晩《おそい》↓年」、**エ**「養＝育」という構成です。②「思＝考」、**ウ**「柔＝軟」という構成です。③「地が震える」、**ア**「援＝助」、**イ**「雷が鳴る」という構成です。④「潜る↑水に」、**ア**「別＝離」、**イ**「避ける↑難を」という構成です。⑤「最も↓大きい」、**イ**「教＝育」、**エ**「直《まっすぐな》↓線」という構成です。

2
①の「議」は意見、②の「義」は意味を表す漢字です。
④「機会」はチャンスという意味です。
⑤「対照的」は「違いが大きいこと」、⑥は「相手」、⑦は「つり合っていること」という意味です。

5
体に関係のある慣用句や動植物に関係のある慣用句を覚えましょう。

6
①は、効き目がないこと、②は、自分がした悪いことのせいで自分が苦しむこと、③は、貴重なものでも価値のわからないものには何の役にも立たないこと、④は、悪いことが重なることを表すことわざです。

5 次の（　）に当てはまる漢字を後から選んで書き、慣用句を完成させなさい。 2点×6（12点）

① （肩）をもつ
意味 味方する。

② （骨）が折れる
意味 とても苦労する。

③ （歯）が立たない
意味 かなわない。

④ （腹）を割る
意味 本心を打ち明ける。

⑤ （猫）をかぶる
意味 本性を隠しておとなしくする。

⑥ （馬）が合う
意味 気が合う。

肩　歯　腕　腹　骨　馬　猫

6 次のことわざと意味が似ているものを後から一つずつ選び、記号で答えなさい。 3点×4（12点）

① 馬の耳に念仏（エ）　② 身から出たさび（ウ）
③ 猫に小判（ア）　④ 泣き面《つら》に蜂（イ）

ア 豚に真珠　イ 弱り目にたたり目
ウ 自業自得《じごうじとく》　エ 馬耳東風《ばじとうふう》

7 次の故事からできた故事成語を後から一つ選び、記号で答えなさい。 （2点）

故事 鳥が貝を食べようとしてくちばしを差し入れたところ、貝は食べられまいとして鳥のくちばしをはさんだ。こうして争っている間に、漁師がやって来て、鳥も貝も捕まえた。

ア 画竜点睛《がりょうてんせい》　イ 背水の陣　ウ 漁夫の利　エ 杞憂《きゆう》　（ウ）

8 次の（　）に当てはまる漢数字を書いて、四字熟語を完成させなさい。 3点×2（6点）

① 危機（一）髪
意味 あと少しで非常に危ない状態になりそうなこと。

② （五）里霧中
意味 どうすればよいかわからないこと。

9 次の――線の漢字の読みを平仮名で書きなさい。 2点×4（8点）

① 慎重に作業する。（しんちょう）
② 任務を遂行する。（すいこう）
③ 練習に時間を割く。（さく）
④ 目を凝らしてよく見る。（こらして）

10 次の――線の片仮名を漢字で書きなさい。 2点×5（10点）

① 水分がジョウハツする。（蒸発）
② 小笠原《おがさわら》ショトウを旅する。（諸島）
③ 型紙に合わせて生地をサイダンする。（裁断）
④ その話はウタガわしい。（疑わしい）
⑤ 玉ねぎの皮で布をソめる。（染める）

4
⑤「美点」「欠点」もあわせて覚えておきましょう。
長所⇔短所
＝　＝
美点⇔欠点

8
①「危機一髪」の「髪」は「発」と、②「五里霧中」の「霧」は「夢」と書き間違えないようにしましょう。
⬇ 語句プラスワン

9
②「ツイコウ」とは読みません。

7
アは、大切な最後の仕上げという意味です。「竜」を「リョウ」と読むことにも注意しましょう。イは、決死の覚悟で取り組むこと、ウは、二者が争っている間に第三者が利益を得ること、エは、無駄《むだ》な心配をすることを表す故事成語です。

10
②「諸」を「緒」と間違えないようにしましょう。
③「裁断」の「裁」を「栽培」の「栽」と間違えないように注意。
④「疑」は「凝」や「擬」と形が似ているので気をつけましょう。送り仮名も注意が必要です。

語句プラスワン 四字熟語の覚え方

四字熟語は、意味と漢字の構成を関連付けて覚えましょう。

四字熟語	覚え方
絶体（×対）絶命	**体**が**絶**えて**命**も**絶**える。
自画（×我）自賛	**自**分の**画**（絵）を**自**ら称**賛**する。
異口（×句）同音	**異**なる**口**から**同**じ**音**が出る。
単（×短）刀直入	**単**一の**刀**で**直**ちに**入**り込む。
厚顔無恥（×知）	**顔**（面《つら》）の皮が**厚**く**恥**が**無**い。

例題 p.10～11

1 ①ア ②オ ③ウ ④エ

2 ①主語＝先生は 述語＝優しい ②主語＝僕も 述語＝作る

3 A ウ・カ・キ B ア・イ・エ・オ・ク

1 ④は理由を示して後に続く接続語です。

2 ②の「休日は」は「いつ」を表している修飾語です。

3 オ「大きな」は連体詞で活用しません。形容詞なら、「大きい入道雲」となります。

4 ①イ ②ア ③ウ ④エ ⑤オ

5 た・を・に・られ・て

6 ①オ ②ア ③コ ④ケ ⑤イ ⑥カ

4 ⑤「罰する」は「運動する」などと同様、サ行変格活用です。

5 文節に分けると「一生懸命／作った《付属語》／作品を《付属語》／友達に《付属語》／ほめられ《付属語》て《付属語》、／うれしい。」となります。

6 ④「ます」は活用する付属語なので助動詞です。

問題を解こう p.12～13

1 読むときに「ね」を入れても不自然にならないところが文節の区切れです。⑤は「会話してねいる」とすると少し不自然ですが、「……ている」「……てほしい」「……てもらう」などは、「て」の後で文節が区切れます。

2 ①bは理由を示して後に続いているので、接続語です。②aは「忙しく

1 次の文を、㊐にならって文節に区切りなさい。 2点×5（10点）

㊐夕日が／水平線を／赤く／染める。

① 僕は／毎朝／妹と／学校へ／行く。
② 混雑を／避けて／買い物を／済ます。
③ 公園の／真ん中に／大きな／木が／ある。
④ 突然／空が／暗く／なり、／雨が／降り出した。
⑤ イルカは／超音波で／仲間と／会話して／いる。

⑤のように「……ている」という形のときは、「て」の後で文節が区切れるよ。

2 次の――線の文節は、文の成分としては何に当たりますか。後から一つずつ選び、記号で答えなさい。 2点×13（26点）

① a私は目が b悪いので、一番前の c席に座っている。
a（ア） b（エ） c（ウ）
② a朝から忙しくて b食事もとれない。 cああ、おなかがすいた。
a（ウ） b（イ） c（オ）
③ a僕も、 b日曜日は自分の部屋を掃除すると c決めた。
a（ア） b（ウ） c（イ）
④ aうん、 b僕は行けるよ。 cでも、 d岩田《いわた》さんは来られないよ。
a（オ） b（イ） c（エ） d（ア）

ア 主語　イ 述語　ウ 修飾語
エ 接続語　オ 独立語

3 次の――線の文節どうしの関係を後から一つずつ選び、記号で答えなさい。 2点×5（10点）

① ストーブの 前に 猫が いる。（ア）
② 冬用の コートを 着たので、 暖かい。（ウ）
③ グラウンドの 草を 全員で 抜く。（イ）
④ 父が 眼鏡を 探して いる。（エ）
⑤ 弁当と 水筒を 持って 行く。（オ）

ア 主・述の関係　イ 修飾・被修飾の関係
ウ 接続の関係　エ 補助の関係　オ 並立の関係

複数の文節が対等に並んでいたら、並立の関係だよ。後の文節が意味を補っている関係を、補助の関係といって、「……て／いる」「……て／みる」などの形があるよ。

4 次の単語から活用する自立語を三つ選び、記号で答えなさい。また、その品詞名を書きなさい。 完答3点×3（9点）

ア 楽しい　イ ジョギング　ウ おおらかだ
エ いわゆる　オ 使用する　カ ゆっくり

記号（ア） 品詞（形容詞）
記号（ウ） 品詞（形容動詞）
記号（オ） 品詞（動詞）

3 ②「着たので」の「ので」は前が後の理由であることを示す接続助詞なので、接続の関係です。

③「抜く」を「草を」が修飾しています。

④「いる」は、「探す」に現在進行中であるという意味を添えているので、補助の関係です。

⑤「弁当」と「水筒」は、入れかえても意味が通り、対等なので、並立の関係です。

て」を、③**b**は、「掃除する」を詳しくしている修飾語です。④**d**は二つ目の文の主語です。一つ目の文の主語は「僕は」です。

5 文節に分けると「おこづかいを／ためて、／買いたい／スニーカーが／あります。」となります。「たい」と「ます」は「買いたくない」「ありました」などと活用するので、助動詞です。

6 ④「読み終わっ」の言い切りの形は「読み終わる」で、ウ段で終わるので動詞。⑤は「聞きたいな」という用言を含む文節を修飾し、活用しないので副詞。⑨「無理に」の言い切りの形は「無理だ」で、「だ」で終わるので形容動詞。⑩「ない」の前で文節を区切れないので付属語で、否定を表す助動詞です。

5 次の文から、付属語を全て抜き出し、助動詞と助詞に分けて書きなさい。 (完答3点)

・おこづかいをためて、買いたいスニーカーがあります。

助動詞（たい・ます）
助詞（を・て・が）

まずは文節に、次に単語に分けて考えるといいよ。その後、単語を自立語と付属語に分けよう。付属語は、他の単語にくっつく言葉だから、それだけでは意味がわからない言葉だね。

最後に助動詞か助詞かを見極めよう。後に続く言葉によって形が変わるのが助動詞、変わらないのが助詞だよ！

6 次の――線の単語の品詞名を後から一つずつ選び、記号で答えなさい。 2点×10（20点）

・ねえ、どの本がいい？ どれもおもしろいよ。読み終わったらぜひ感想を聞きたいな。でも、無理に話してとは言わないよ。

①（ク） ②（カ） ③（イ） ④（ア）
⑤（オ） ⑥（エ） ⑦（コ） ⑧（キ）
⑨（ウ） ⑩（ケ）

ア 動詞　**イ** 形容詞　**ウ** 形容動詞　**エ** 名詞
オ 副詞　**カ** 連体詞　**キ** 接続詞　**ク** 感動詞
ケ 助動詞　**コ** 助詞

7 次の――線の動詞について、活用の種類をA群から、活用形をB群から一つずつ選び、記号で答えなさい。 完答2点×5（10点）

① テレビの音量を下げろ。
② その問題は私にはわからない。
③ いつもより五分早く起きれば間に合う。
④ 近くに来るときは、声をかけてください。
⑤ たくさん勉強して、弁護士になりたい。

①（ウ・ⓕ） ②（ア・ⓐ） ③（イ・ⓔ）
④（エ・ⓓ） ⑤（オ・ⓑ）

A
ア 五段活用　**イ** 上一段活用　**ウ** 下一段活用
エ カ行変格活用　**オ** サ行変格活用

B
ⓐ 未然形　ⓑ 連用形　ⓒ 終止形
ⓓ 連体形　ⓔ 仮定形　ⓕ 命令形

活用の種類は「ない」を付けた形にしたときの「ない」の直前の音、活用形は――線の後の語から判断しよう。

8 次の（　）に当てはまる副詞を、後から一つずつ選んで書きなさい。 3点×4（12点）

①（もっと）たくさん食べたい。
② 周囲に聞こえないように（そっと）ささやく。
③ 同じ学校でも（めったに）会わない。
④（もし）優勝したら、お祝いしようね。

そっと　めったに　もし　もっと

4 「ない」や「た」を続けてみて、活用するかどうかを確かめましょう。**エ**「いわゆる」は連体詞で、「いわゆらない」などとはいいません（＝活用しない）。

⬇ 文法プラスワン

7 ④傍線部の後の「とき」は体言（名詞）なので、活用形は連体形です。

8 参考 ①「もっと」のように、「どのくらい」を表す副詞を「**程度の副詞**」、②「そっと」のように、「どのように」を表す副詞を「**状態の副詞**」、③「めったに（……ない）」・④「もし（……たら・ても）」のように、後に決まった表現がくる副詞を「**呼応の副詞**」といいます。

文法プラスワン 形容詞と形容動詞の活用

品詞	基本形	語幹	未然形	連用形	終止形	連体形	仮定形	命令形
	言い切りの形	変化しない部分	ーう	ーた ーない ーなる	ー。	ーとき ーので	ーば	ー。
形容詞	かわいい	かわい	かろ	かっ く	い	い	けれ	○
形容動詞	きれいだ	きれい	だろ	だっ で に	だ	な	なら	○
	きれいです	きれい	でしょ	でし	です	（です）	○	○

説明文・論説文①

例題1 p.14

細胞がひと〜ようなもの

〝子孫をのこすのにつごうのよい進化をくりかえした〟のは何かを、**指示語より前**の部分から探します。解答部分を「それ」に当てはめると、「細胞がひとつしかない細菌のようなものが子孫をのこしていくのにつごうのよい……進化をくりかえし」となって意味が通ります。

例題2 p.15

イ

[A]の前で太陽電池の短所を述べ、後でも短所を付け加えているので、**並列・累加**の**ア**か**イ**が適切です。[B]の前後は、〝太陽電池は短所があるから、エネルギーをむだなく使うことや電気をためる技術が必要だ〟という内容で、前が後の理由なので**順接**の**イ**が適切です。

問題を解こう p.16〜17

1 (1) ――線①中の「この」は指示語なので、前を読んで指す内容を探しましょう。直前の一文から、「毎年、同じ場所で同じ農作物を栽培すると」どうなるのかが説明された部分を抜き出します。

1 (2)

A [A]の直前には、通常は「作物を育てる場所を替えていかなければ

---

1 次の文章を読んで、問題に答えなさい。（45点）

農作物を栽培するときには、毎年、同じ作物を連続して作ると、うまく育たなかったり、枯れてしまったりすることがある。①この現象は「連作障害」と呼ばれている。そのため、作物を育てる場所を替えていかなければならないのである。

[A]（2)オ ところが）、田んぼは毎年、同じ場所でイネばかりを作っている。それなのに、どうして連作障害が起こらないのだろうか。

連作障害の原因には、作物の種類によって土の中の栄養分を偏って吸収するために、土の中の栄養分のバランスが崩れてしまうことや、作物の根から出る物質によって自家中毒を起こしてしまうことがある。[B]（2)イ あるいは）同じ作物を栽培することで、土壌中にその作物を害する病原菌が増えてしまうということがある。

ところが、(3)田んぼは水を流している。②このことによって、余った栄養分は洗い流され、新しい栄養分が供給される。

▶土壌の栄養分のバランスが崩れる仕組み

また、生育を抑制する有害物質も洗い流してくれる。さらには、水を入れたり乾かしたりする田んぼでは、同じ病原菌が増加することも少ない。

③そのため、田んぼでは連作障害が起こらないのである。

〈稲垣栄洋《いながきひでひろ》「イネという不思議な植物」による〉

(1) ①この現象とは、どのような現象ですか。それを説明した次の文の[　]に当てはまる言葉を、文章中から二十一字で抜き出しなさい。（15点）

・毎年、同じ場所で同じ農作物を栽培すると、[うまく育たなかったり、枯れてしまったりする]現象。

(2) [　]A・Bに当てはまる言葉を次から一つずつ選び、記号で答えなさい。5点×2（10点）

ア だから　**イ** あるいは　**ウ** なぜなら
エ つまり　**オ** ところが

A（オ）　B（イ）

(3) ②このこととは、どのようなことですか。書きなさい。（15点）

（例田んぼには水を流していること。）

(4) ③そのためは、どのような働きをしていますか。次から一つ選び、記号で答えなさい。（5点）

ア 前の内容を原因・理由とした結果を述べる働き。
イ 前の内容とは異なる話題に転換する働き。
ウ 前の内容とは反対の内容を述べる働き。
エ 前の内容と後の内容とを比べる働き。

（ア）

---

1 (4) 「そのため」の前後の内容を押さえます。

・前…水を流す田んぼでは余分な栄養分や有害物質が流されるし、病原菌も増えない。

・後…田んぼでは連作障害が起こらない。

前の内容を理由とする結果を導くという、順接の働きをしています。

ならない」、直後には「田んぼは毎年、同じ場所でイネばかりを作っている」とあります。前後が逆の内容になっているので、逆接の接続語「ところが」が当てはまります。

B 連作障害の原因として、**B** の直前では「作物の種類によって……自家中毒を起こしてしまうこと」を挙げ、直後では「土壌中に……増えてしまう」ことを挙げています。複数の事柄を挙げて比べているので、「あるいは」が当てはまります。

1

(3) 指示語「この」は、直前の一文を指しています。

注意 「どのようなことですか」と問われているので、「……こと。」という形でまとめましょう。

---

2 次の文章を読んで、問題に答えなさい。(55点)

強い人は、強い敵がいるから、①それに負けまいと自分の力を出す。やっつけたい相手がいるからこそ、負けまいと願うからこそ、ひとりでは出せない力が出てくるということを、心のどこかで、意識はしなくとも、感じているものである。こういう好敵手を敬愛する心の深さをもっている人は、ライバルがいなくなっても、重大な打撃を受けなくてすむであろう。

それほどの実力のない人、ライバルを怖《おそ》れ、実際に勝負すれば勝てない、と自分で不安に思っている人は、ライバルがいなくなることを表面はともかく、内心は喜ぶにちがいない。これで、勝てない相手が一人へった。そんな風にひそかに胸をなでおろす。②そういう人には、とんでもないことがおこる。

強力なライバルに向かって緊張と努力をしていたのが、急にその目標、目的を見失って、力をふりしぼって繰り出すパンチが、打つべき敵がいなくなって、空を切る。これは、自分で自分を攻撃しているに等しいから、相手に当たるブロー*よりはるかに体力を消耗《しょうもう》させる。③つまり、攻撃目標を失った攻撃は、結局のところ、自分自身を攻撃しているのと同じことになるのである。

好敵手がいなくなれば、相手から倒されることはなくなる代わりに、自分で自分を攻めて自滅することになる。ライバルの健在を祈るのは、相手のためではなく、□自分のためだということになる。

〈外山滋比古《とやましげひこ》「忘却《ぼうきゃく》の整理学」による〉

* ブロー…ボクシングの用語で、「打撃」のこと。

(1) ①それ とは、何を指していますか。文章中から五字以内で抜き出しなさい。(15点)

強い敵

別解 好敵手・ライバル

(2) ②そういう人 とは、どのような人のことですか。「ライバルがいなくなったときに、……」に続くように、二十五字以内で書きなさい。(30点)

ライバルがいなくなったときに、

例 勝てない相手がへったと、ひそかに胸をなでおろす人。

(3) ③つまり は、どのような働きをしていますか。次から一つ選び記号で答えなさい。(5点)

ア 前の内容と比べたりどちらかを選んだりする働き。
イ 前の内容を原因・理由とした結果を述べる働き。
ウ 前の内容をまとめたり補ったりする働き。
エ 前の内容とは反対の内容を述べる働き。

(ウ)

(4) □に当てはまる言葉を次から一つ選び、記号で答えなさい(5点)

ア しかし　イ だから
ウ 例えば　エ むしろ

(エ)

2

(1) 重要 「それ」は指示語なので、前から指す内容を探します。指示語の部分に答えを当てはめて、意味が通るかどうかを確認しましょう。

強い敵 ←答え
それに負けまいと……

2

(2) 「ライバルがいなくなったときに、」に続くように、直前の二文をまとめましょう。

↓ 記述問題ワンポイント

2

(3) 「つまり」の前後の内容をとらえます。すると、直前の二文の内容が、後で「攻撃目標を……自分自身を攻撃しているのと同じ」だと、まとめ直されています。

2

(4) 空欄の前後をみると、「相手のため」と「自分のため」を比べて後者を選んでいます。よって、対比や選択の意味をもつ「むしろ」が当てはまります。

記述問題ワンポイント

2(2) 勝てない相手がへったと、ひそかに胸をなでおろす人。

これもOK! 内心では喜ぶ

文末 「どのような人のことですか。」と問われているので、「……人。」で結びます。

説明文・論説文②

例題1 p.18

事実＝①・②〔順不同〕
意見＝③

①・②の文では「クォーツ時計」「電波時計」「原子時計」という具体的な時計の例が挙げられているので、**事実**を述べているとわかります。③の文の文末は、「……といえます。」と、**意見**を述べる表現になっていて、**①・②を根拠に意見を述べている**ことがわかります。

例題2 p.19

エ

第二段落冒頭の「つまり」に注目。第一段落では、さまざまな生きものを例に挙げて「みんな共通の祖先を持っている」という**事実**が示され、その内容を受けて、第二段落で「地球上の生きものは、体のなかに三十八億年の歴史を持っている」という**結論**が述べられているのです。

問題を解こう p.20～21

1 (1)

重要 直前の「だから」という順接の接続語に着目しましょう。これは、原因・理由と結果をつなぐ働きをします。そこで、前の段落から筆者が失敗を勧める根拠となる事実を探します。

1 (2)

・1段落…失敗すると脳が進化する。
・2段落…失敗は人の魅

1 次の文章を読んで、問題に答えなさい。(50点)

1 人の目を気にすることの一番の弊害は、「失敗」を恐れるようになることだ。そもそも脳にとって、失敗は賢くなるためのステップ。失敗によっていらない回路を消し、今日より明日、明日より明後日《あさって》と賢い脳に進化していく。(1)失敗を経験した脳は、睡眠中に海馬《かいば》*1がその失敗を反芻《はんすう》し、いらない回路を消して、同じ失敗を繰り返さないように学んでいくのだが、そのプロセスなしに、脳は生きていくための直感力とでもいうべき〝つかみとセンス〟を手に入れることができないのだ。

2 だから、特に若い人たち（もちろん熟年世代も）、もっともっと失敗をしよう！　失敗して恥をかいて、とやかく言う人がいたら、大らかに「ごめんなさい！」と謝ってしまえばいいじゃない？　失敗して恥をかいて、謝って、リカバって*2る人って、すごくチャーミングに見える。(3)失敗は魅力をつくる。いい男やいい女になるために、絶対に必要なのだ。

3 それでも、失敗が怖い、とやかく言われたくないという人には「自分ではなく、興味やプロフェッショナリティ*3にスポットライトを当てて」と伝えている。

4 「素敵なキャリアウーマンになりたい」とか、「カッコいいビジネスパーソンになりたい」と、自分にスポットライトを当てていると、失敗したときに自分が全否定されたように感じて、世界がガラガラと崩れてしまう。

5 しかし、研究者が「世界一の人工知能をつくりたい」とか、編集者が「読者が泣いて喜ぶようないい本を出したい」とか、それぞれが、その興味やプロフェッショナリティに光を当てておけば、失敗したり、挫折したりしたときに、「まだまだやれることがある」と思えるはずなのだ。

〈黒川伊保子《くろかわいほこ》『ぐずぐず脳』をきっぱり治す！　人生を変える7日間プログラム」による〉

＊1 海馬…記憶に重要な関係をもつ脳の一部分。
＊2 リカバって…「リカバリーして」の略。「回復して」という意味。
＊3 プロフェッショナリティ…ここでは、「専門分野」という意味。

(1) 特に若い人たち……失敗をしよう　とありますが、筆者がこのように述べるのは、なぜですか。事実を基に説明している一文を抜き出し、初めと終わりの五字を書きなさい。(15点)

失敗を経験～ないのだ。

(2) この文章を二つに分けるとすると、後半はどこから始まりますか。段落番号を答えなさい。(15点)

（3）段落

(3) この文章で筆者が最も述べたかったこととして適切なものを次から一つ選び、記号で答えなさい。(20点)

ア 失敗するのが怖い人は、専門性の高い職業に就くとよい。
イ 魅力的な人間になるためには、恐れず失敗するべきだ。
ウ 人の目を気にしてばかりいると、余計に失敗する。
エ 他人の失敗に対して、とやかく言うべきではない。

（イ）

2 (1)

2段落の「新聞は……人もいるかもしれませんが」に注目。1段落で述べた筆者の意見に対して想定される反論を挙げています。続けて読むと、「少しずつ……新情報が積み上げられているのです」と筆者がさらに反論し、主張につなげていることがわかります。予想される反論にさらに反論する構成は、論説文でよく用いられ、論の説得力力をつくる。

・3段落…失敗が怖い人への提案。

・4段落…提案のような考え方をしなかった場合、どうなるかという例。

・5段落…提案のような考え方をした場合の例。

1・2段落で失敗することの重要性を述べた後に、3段落以降で「それでも、失敗が怖い……という人」へ向けて提案する構成になっています。

1 (3)

1(2)から、筆者が最も述べたいことは1・2段落に書かれていることがわかります。

⚠注意 イ「魅力的な人間」は、2段落最後の一文にある「いい男やいい女」を言いかえた言葉です。

2 次の文章を読んで、問題に答えなさい。（50点）

1　世の中の動きを知るには、テレビのニュースや情報番組もいいのですが、やはりベースは新聞に置いておきたいものです。

2　(1)新聞は毎日毎日同じような情報が書いてあるだけじゃないかと思っている人もいるかもしれませんが、少しずつ少しずつ新情報が積み上げられているのです。日本経済だって中国経済だって＊永田町《ながたちょう》だって日々少しずつ動きがあるのです。そのわずかかもしれない動きを、新聞を読んで感じることが必要なのです。

3　知識をきちんと定着させるためには、ペンキ塗《ぬ》りに似た作業が不可欠です。ペンキは一回塗っただけでは綺麗《きれい》に塗れません。二回塗り、三回塗り、四回塗りと、塗りを重ねていくことによってムラなく綺麗な仕上がりになるのです。

4　新聞も同じように出来るだけ毎日読んでいく。そうすることによって、ムラなく、幅の広い知識が身につきます。

5　大学での勉強は、学問体系としては非常によくまとまっているものですが、(2)必ずしも現代性があるものばかりではありません。だから、大学の授業で勉強した知識は、学生同士ならともかく、それ以外の人との会話のネタにはなかなかなりにくいのです。

6　しかし新聞で扱っているネタは、情報としてもしっかりしている上に、今日を生きる私たちに共通の話題です。「いま起きていること」ですから関心度も高いのです。

7　こんな格好の情報源は他には見当たりません。(3)毎日目を通すことをぜひ習慣にしておくべきです。〈齋藤孝《さいとうたかし》「すごい『会話力』」による〉

＊　永田町…ここでは、「日本の政界」という意味。

(1)　1・2段落の関係について説明した次の文の□に当てはまる言葉を後から一つ選び、記号で答えなさい。（10点）

・1段落で述べた筆者の意見に対して2段落で□を示し、それに反論することによって自身の主張の説得力を高めている。

ア　予想される反対意見　イ　従来の考え方
ウ　例外となる特殊条件　エ　科学的な根拠

（ア）

(2)　大学の授業で勉強した……なりにくい　とありますが、筆者がこのように述べるのはなぜですか。次の文の（　）に当てはまる言葉を、文章中から一語で抜き出しなさい。（15点）

・大学では必ずしも（　現代性　）のあることばかりを勉強するわけではなく、全ての人に共通する話題にはならないから。

(3)　この文章の要旨を、次の書き出しに続くように、二十字以内で書きなさい。（25点）

新聞は情報源として最適なので、

例　毎日目を通すことを習慣にしておくべきだ。

を高める効果があります。

2 (2)

設問の「なぜですか」に注意しながら傍線部の前後をよく読みましょう。すると、傍線部の直前に接続語「だから」が見つかります。「だから」の前には、後の理由が書かれているので、「だから」の前から（　）に合う言葉を探します。（　）の前の「必ずしも」が文章中にあることも手がかりになります。

2 (3)

結論は文章の最後にあることが多いため、最終段落に着目します。すると、最後の一文に「……べきです。」という意見を述べるときの文末表現があります。これを使ってまとめましょう。

↓記述問題ワンポイント

記述問題ワンポイント

2 (3)　毎日目を通すことを習慣にしておくべきだ。

これもOK!　読む

文末　筆者が最も伝えたいことをまとめるので、「……べきだ。」などにします。

小説①

例題1 p.22

(1) 四（人）

(2) タオは慎重

(1) **人物を表す言葉**に注目すると、「孝《たか》俊《とし》」「保《やす》生《お》」「タオ」「おれ」の四人が登場していることがわかります。

(2) タオについては、第二段落に書かれています。最後の一文に、「慎重派」「好奇心旺盛」「飲み込みが早かった」という**性格**や**特徴**が描かれています。

例題2 p.23

ウ

巧《たく》海《み》の**行動**や**言葉**に注目します。最初に「やはり言い出せなかった。」とありますが、「ここで人生が決まる」と思い、ロードバイクが好きで、全国大会に行きたいこと、ロードバイクの選手になりたいことを、はっきり**言葉**で父親に伝えています。

問題を解こう p.24～25

1 **(1)** 冒頭に『今日の議題　ピアノ伴奏者決め』とあります。

1 **(2)** 「宙ぶらりん」とは、どっちつかずで中途半端《はんぱ》な状態を表す言葉です。——線①の後の「じとっとした雰囲気」や、その四行後の「だれかが……そう思っていた。」から、ピアノ伴奏者がすんなり

1 次の文章を読んで、問題に答えなさい。（45点）

〜小学六年生の「オレ（沢《さわ》くん）」は、幼いときからピアノを習っている。ある日、学級会で合唱コンクールについて話し合った。〜

①『今日の議題　(1)ピアノ伴奏者決め』

鶴《つる》田《た》さんが書いた白い文字が、正面の黒板に宙ぶらりんで浮かんでいる。

それをながめながら、オレは考えた。イライラするのは、本当に、この(2)イじとっとした雰囲気のせいなんだろうか。

ますます強くなる貧乏《びんぼう》ゆすりのひざの上で、ツンツンする指も止まらない。オレは、はっとした。この動きは、ピアノを弾いている指と同じじゃないか。

(2)イだれかが言いだせばいいことなのに。さっきからそう思っていた。そのだれかって、もしかして……。じつは、このオレだ。オレがピアノを弾きたいって思っているんだ。

オレは、おなかにぐっと力を入れた。

「やってもいいよっ」

みんなの視線がいっせいに集まった。

とたん、オレは急に不安におそわれた。ひとりで空まわりしてるやつだ、って思われたらどうしよう。

でも、鶴田さんは、ほっとしたようだ。

「わあ、よかった。沢くん、ピアノ習ってるものね。あり(3)がとう！」

②「上手《うま》くできるかわかんないけど。オレ、歌うと音程はずしそうなんで」

て(3)れくさくなったので、冗談《じょうだん》を言ったら本気にされた。

「沢くん、オンチだったんだ」

〈横田明子《よこたあきこ》「四重奏《カルテット》デイズ」による〉

(1) この文章は、どのような場面ですか。次の文の□に当てはまる言葉を、文章中から六字で抜き出しなさい。（10点）

・合唱コンクールの［ピアノ伴奏者］を決める場面。

(2) ①鶴田さんが書いた白い文字が、正面の黒板に宙ぶらりんで浮かんでいる。とありますが、どのような状況を表していますか。適切なものを次から一つ選び、記号で答えなさい。（10点）

ア 合唱コンクールを目前に控え、皆が浮き足立っている状況。

イ 話し合いが進まず、クラスに重い雰囲気が漂っている状況。

ウ 鶴田さんの無責任な性格が、書いた文字に表れている状況。

エ 議論の激しさに、進行役の鶴田さんが疲れ果てている状況。

（イ）

(3) ②「上手くできるかわかんないけど。オレ、歌うと音程はずしそうなんで」とありますが、「オレ」がこう言ったのはなぜですか「鶴田さんに……」に続くように書きなさい。（25点）

・鶴田さんに

（例 感謝されて、てれくさくなったから。）

2 **(3)** ２(2)で考えたように、少年の「回数券を使いたくない」という気持ちを汲《く》んで、かわりに運賃を支払ってあげたことから、河野さんは心の優しい人物だとわかります。また、少年が泣き出した場面では「ぶっきらぼうではない言い方をされたのは初めて」、最後の一文に「声はまた、ぶっきらぼうになっていた。」とあることから、普段は

と決まらず、クラスが重い雰囲気になっていることが読み取れます。

1 **(3)**

――線②の前から、この言葉は、鶴田《つるた》さんに「ありがとう!」と感謝されて発した言葉だとわかります。――線②の直後に「てれくさくなったので」とあるので、この部分をまとめます。「なぜですか」と問われているので、答えは「……から。」と結びましょう。

2 **(1)**

⚠注意 リード文（あらすじ）があるときは必ず読んで、場面をとらえましょう。少年がバスに乗っていることを踏まえて本文を読むと、冒頭に、少年が運賃箱に「回数券をつづけて入れようとした……泣き声が出てしまった」とあります。なお、「整理券」は「先に入れ」とあり、空欄の後の「入れようとして」に合わないので、答えとして不適切です。

2 次の文章を読んで、問題に答えなさい。（55点）

小学五年生の少年は、バスに乗って入院中の母親を見舞っている。三冊目の回数券が最後の一枚になった日に乗ったバスの運転手は、何度か注意されたことがあって苦手に思っていた河野《かわの》さんだった。

整理券を運賃箱に先に入れ、(1)回数券をつづけて入れようとしたとき、とうとう泣き声が出てしまった。

(3)「どうした?」と河野さんが訊《き》いた。「なんで泣いてるの?」――ぶっきらぼうではない言い方をされたのは初めてだったから、逆に涙が止まらなくなってしまった。

「財布《さいふ》、落としちゃったのか?」

泣きながらかぶりを振って、回数券を見せた。

じゃあ早く入れなさい――とは、言われなかった。

河野さんは「どうした?」ともう一度訊いた。

その声にすうっと手を引かれるように、少年は嗚咽《おえつ》交じりに、回数券を使いたくないんだと伝えた。母のこともしゃべった。新しい回数券を買うと、そのぶん、母の退院の日が遠ざかってしまう。ごめんなさい、ごめんなさい、と手の甲で目元を覆った。警察に捕まってもいいから、この回数券、ぼくにください、と言った。

(2)河野さんはなにも言わなかった。かわりに、小銭《こぜに》が運賃箱に落ちる音が聞こえた。目元から手の甲をはずすと、整理券と一緒《いっしょ》に(2)百二十円、箱に入っていた。もう前に向き直っていた河野さんは、少年を振り向かずに、「早く降りて」と言った。「次のバス停でお客さんが待ってるんだから、早く」――(3)声はまた、ぶっきらぼうになっていた。

〈重松清《しげまつきよし》「バスに乗って」による〉

(1) この文章は、どのような場面ですか。次の文の□に当てはまる言葉を、文章中から三字で抜き出しなさい。（20点）

・少年がバスの運賃箱に **回数券** を入れようとして泣き出した場面。

(2) 小銭が運賃箱に落ちる音が聞こえた とありますが、どのようなことが起きたのだと考えられますか。最も適切なものを次から一つ選び、記号で答えなさい。（10点）

ア ×母親思いの少年に心を動かされた他の乗客が、少年の分も運賃を払ったということ。

イ 少年の後ろにいた乗客が、×待ちきれずに先に運賃を払って降りたということ。

ウ ×河野さんにせかされて焦《あせ》った少年が、現金で運賃を払ったということ。

エ 少年の事情を聞いた河野さんが、かわりに運賃を払ったということ。

（ エ ）

(3) 河野さんは、どのような人物だと考えられますか。二十字以内で書きなさい。（25点）

例 ぶっきらぼうだが、心の優しい人物。

「ぶっきらぼう」だということがわかります。この場面の山場は、"いつもぶっきらぼうな態度を見せる人物が不意に見せた優しさ"にあるので、「ぶっきらぼう」、「心が優しい」という二つの要素を含めて書きましょう。

参考 文学的文章では、物語に深みを出すために、登場人物に二面性や意外性をもたせることがあります。注意して読みましょう。

↓ 記述問題ワンポイント

2 **(2)**

傍線部より前の部分に着目すると、少年は泣きながら河野《かわの》さんに「回数券を使いたくない」と訴えています。傍線部の後を読むと、「百二十円、箱に入っていた」、「もう前に向き直っていた」とあり、河野さんが、少年が回数券を使わなくても済むように、運賃を払ってあげたのだとわかります。

記述問題ワンポイント

2 **(3)** ぶっきらぼうだが、心の優しい人物。

これもOK! 思いやりのある

文末 「どのような人物」と問われているので、「……人物。」で結びます。

小説②

例題1 p.26

イ

「私」は「こんなところで迷子になったら、一生出られなくなってしまいそうだ。」と感じ、「ずっと繋《つな》いでいた咲子《さきこ》ちゃんの手に、さらにぎゅっと力を入れた」とあります。繋いだ手をより強く握るという**行動**から、迷子になることに対する不安や恐怖が読み取れます。

例題2 p.27

エ

「もう逃げない。」とあるので、それまで逃げていたけれど、これからは逃げないという**心情の変化**が読み取れます。「這《は》いあがってみせる」「負けたくない」と決意を**繰り返している**ことから、ここでは、〝困難を乗り越えよう〟とする理子《りこ》の強い気持ちが**主題**になっています。

問題を解こう

p.28〜29

1 **(1)** ——線①の前後から雨音《あまね》先生の気持ちを読み取ります。——線①の前の「黙ったまま、深くうなずいた」や、こころに直接的な助言をするのではなく、問いかける形で会話を進めていることから、こころ自身に〝こころがなぜ野球部に入ったのか〟〝こころにポジションを奪われた部員はなんのために野球部に入っているのか〟答えを見つけ

1 次の文章を読んで、問題に答えなさい。（50点）

こころは怪我《けが》をした堂島《どうじま》先輩の代役で野球部に入ったが、退部しようか迷っている。以前所属していた美術部顧問の雨音《あまね》先生に「野球部のために入部してやったのか」と問われ、自分の気持ちを振り返る。

「野球が、好きだから……」

こころは自分の言葉をかみしめるように、小さくつぶやいた。言ってみて、そうだと思った。そうだ、野球が好きになったから、入ったのだ。初めは偶然に関わらされたことだったけど、知らず知らずに夢中になってしまっていた。だから入ったのだ。

(1)雨音先生は黙ったまま、深くうなずいた。それから、「もう一つ、わからないこと」と、続けた。

「あなたのためにポジションを奪われた子は、なんのために野球部に入ってるのかな」

①雨音先生の瞳《ひとみ》が、こころを見つめた。(1)こころは、雨音先生に見つめられて、はっとした。

（好きだからだ）

すぐにその言葉が、こころの中ではじけた。そうだ、堂島さんも、洋太《ようた》も、(3)好きだから野球をやっているに違いない。もしかしたら、自分なんかより何倍も純粋《じゅんすい》な気持ちで野球をやっているかもしれない。そう思ったとき、こころは②自分の大きな勘違いに気づいたような気がした。(2)自分が、堂島さんや洋太のために退部しようとするなんてばかげている。自分の思い上がりに過ぎない。二人に対して失礼な気がした。

〈横沢彰《よこさわあきら》「ナイスキャッチ！ Ⅲ」による〉

(1) ①雨音先生の瞳が、こころを見つめた。とありますが、このときの雨音先生の気持ちとして適切なものを次から一つ選び、記号で答えなさい。（10点）

ア こころの信頼に応えるために有用なアドバイスをしたい。×

イ こころに人の気持ちを思いやれるようになってほしい。×

ウ こころ自身の力で大切なことに気がついてほしい。

エ こころの本当の気持ちをどうにか探りたい。×

（ウ）

(2) ②自分の大きな勘違い とは、どういうことですか。次の文の□に当てはまる言葉を、二十字以内で書きなさい。（25点）

・他の部員のために自分が□ということ。

㊥ 退部しようとするのは思い上がりに過ぎない

(3) 作者がこの場面を通して最も描きたかったことは、何だと考えられますか。それを説明した次の文の□に当てはまる言葉を文章中から十三字で抜き出しなさい。（15点）

・自分をはじめ、みんなも□ことに、こころが気づく様子。

好きだから野球をやっている

1 **(3)** この場面は、雨音先生の二つの質問によって、自分もみんなも「好きだから野球をやっている」ことに、こころが気づく様子が描かれています。

てほしいと思っていることがわかります。

1

(2) 重要 雨音先生の言葉によって、こころがどのようなことに気づいたのかをとらえましょう。

・雨音先生＝「あなたのために……野球部に入ってるのかな」

⇐

・こころ＝みんなも好きだから野球をやっているに違いない。

↓彼らのために自分が退部するのは思い上がりに過ぎず、失礼だ。（最後の二文）

こころは、みんなのために野球部をやめようという考えは「勘違い」なのだと気づきます。

⬇ 記述問題ワンポイント

2 次の文章を読んで、問題に答えなさい。（50点）

望音《もね》と太郎《たろう》は東京の美術大学で絵画を学んでいる。自分の絵に自信がもてなくなった望音は、イギリス王立芸術院「ロイヤル・アカデミー（ロイアカ）」へ留学するかどうか悩んでいる。

「ロイアカだよ？　マジですごいじゃん！　俺、望音が海外に行って勉強したあと、どんな絵を描くのか、めちゃくちゃ見てみたいよ」(1)

①「見てみたい？」(1)

望音は目をぱちぱちさせながら太郎を見る。

「そう、たぶん俺だけじゃないよ。ゼミのみんなだって、荒川《あらかわ》さんとか他科のみんなも、今の話を聞いたら、望音の絵がどんな風になるか知りたいって答えると思うよ。望音だって見てみたいと思わないの？　海外に身を置くことで『自分の絵』がどんな風に変わっていくのか」

そう言われて、はじめて望音は思い出す。

(2)絵は自分にとって「見たい世界」を描くものだった。

でもいつのまにか、熟知した世界ばかり描くようになっていた。②描くことは冒険であり旅のはずなのに、安心するために、自分を守るために、自分の殻に籠城《ろうじょう》してただただ描きやすいものばかり選んでいた。

この美大に来てから、とくに森本《もりもと》ゼミに入ってから、少しずつ島にいた頃の自分には描けなかったものも描けるようになったのに、あの卒業制作のプランは、それ以前の自分の自己模倣《もほう》でしかなかった。

(3)もう島から出て行かなくちゃ。

もっと広くて未知の世界に足を踏み入れなくちゃ。

〈一色《いっしき》さゆり「ピカソになれない私たち」による〉

(1) ①「見てみたい？」とありますが、この言葉から読み取れる望音の気持ちを、二十五字以内で書きなさい。（25点）

例 太郎に予想外のことを言われて戸惑う気持ち。

(2) ②描くことは冒険であり旅のはずとは、どういうことですか。次の文の□に当てはまる言葉を、文章中から十字で抜き出しなさい。（15点）

・望音にとって、絵を描くことは、自分の□ことだったということ。

「見たい世界」を描く

(3) 作者がこの場面を通して最も描きたかったこととして適切なものを次から一つ選び、記号で答えなさい。（10点）

ア 狭く小さな世界ばかりを描いていた望音の絵が、留学によってどのように変化したのかを、太郎たちが確かめている様子。

イ いつのまにか無難な絵ばかりを描くようになっていた望音が、太郎の言葉によって、一歩踏み出そうと決意する様子。

ウ 森本ゼミに入った望音が、自分の殻を破り、島にいた頃には描けなかったような「自分の絵」を作り上げた様子。

エ 美大に入学した望音が、ゼミや他科の仲間たちと励まし合いながら「自分の絵」を見つけ出そうと努力する様子。（イ）

2

(1) ――線①の直後の「目をぱちぱちさせながら」は、驚いたり面食《めんく》らったりする様子を表す表現です。望音《もね》が――線①より前の太郎《たろう》の言葉を繰り返して、このような反応を示していることから、太郎の言葉が望音にとって予想外で、戸惑っているのだとわかります。

2

(2) ――線②の前後から、望音の絵に対する考えを読み取ります。

注意 ――線②を含む一文と、その前の二文が、「見たい世界」⇔「熟知した世界」、〝冒険であり、旅である〟⇔〝自分の殻に籠城《ろうじょう》する〟という構造になっていることを押さえ、対応する言葉を抜き出します。

2

(3) 2(2)で考えたことも踏まえ、「自分を守るために」絵を描いていた望音が、太郎の言葉によってどう変化したのかをとらえます。すると、最後の二段落に「もう島から出て行かなくちゃ。」「もっと……踏み入れなくちゃ。」とあります。ここから、望音が一歩前に踏み出そうとしているのだとわかります。

記述問題ワンポイント

1(2) 退部しようとするのは思い上がりに過ぎない

これもOK！ ばかげている・彼らに失礼だ

文末 空欄の後の「ということ。」につながる形にします。

詩・短歌

例題1 p.30

ア・ウ・オ〔順不同〕

「もっと高く」「もっともっと高く」は**反復**です。「願いごとのように」は、「ように」という言葉を使った比喩なので**直喩**です。紙風船を願いごとにたとえています。また、「美しい／願いごとのように／打ち上げよう」が普通の語順なので、**倒置**も使われています。

例題2 p.31

(1) オ・カ〔順不同〕
(2) エ

(1) 「寒いね」が繰り返されているので**反復**です。また、最後の「あたたかさ」は名詞（体言）なので、**体言止め**です。

(2) 作者は、「寒いね」という何気ない言葉に「寒いね」と答えてくれる人がいてくれることに幸せを感じ、身近な人の存在の大切さを歌っています。

問題を解こう p.32～33

1 **(1)** 詩の用語と形式から考えましょう。この詩は現代の言葉で書かれているので、口語詩です。また、行数や音数に決まりはないので、自由詩です。この二つを合わせて「口語自由詩」といいます。

1 **(2)** 第一連の2～4行目に着目しましょう。
・2・4行目…人間では

1 次の詩を読んで、問題に答えなさい。（55点）

忘れもの　高田《たかだ》敏子《としこ》

入道雲にのって
(2)夏休みはいってしまった　オ 擬人法
「サヨナラ」のかわりに
素晴らしい夕立《ゆうだち》をふりまいて　オ 擬人法
（ア 倒置）

けさ　空はまっさお
木々の葉の一枚一枚が
あたらしい光とあいさつをかわしている

だがキミ！　夏休み(4)よ
もう一度　もどってこないかな
忘れものをとりにさ

迷子のセミ(3)…名詞＝体言
さびしそうな麦わら帽子(3)…名詞
それから　ぼくの耳に
くっついて離れない波の音(3)…名詞

(1) この詩の種類を、漢字五字で答えなさい。（5点）
口語自由詩

(2) 第一連に使われている表現技法を次から全て選び、記号で答えなさい。（完答5点）
ア 倒置　イ 体言止め　ウ 直喩
エ 対句　オ 擬人法
〔順不同〕（ア・オ）

(3) 忘れもの とは、何ですか。詩の中から三字程度で、三つ抜き出しなさい。〔順不同〕10点×3（30点）
（迷子の）セミ　麦わら帽子　波の音

(4) この詩の主題を、「……気持ち。」に続くように、二十字以内で書きなさい。（15点）
例 夏休みが終わったことをなごり惜しく思う気持ち。

1 **(3)** まず、ここでの「忘れもの」とは、「夏休み」の「忘れもの」であることを押さえます。第四連に、夏を感じさせるものが三つ挙げられています。

1 **(4)** **重要** 第三連の「夏休みよ／もう一度　もどってこないかな」に着目します。この部分から、夏休みない「夏休み」を人間のように表しています。
↓擬人法
・2〜4行目…通常とは逆の語順になっています。普通の語順だと「『サヨナラ』のかわりに／素晴らしい夕立をふりまいて／夏休みはいってしまった」となります。
↓倒置

2 **(1)** 「五・七・五・七・七」より多い部分がないか、確かめます。**A**は初句の「たとへば君」が六音、下の句がそれぞれ八音ずつになっています。**C**は四句の「しておく麦わら」が八音です。

2 次の短歌を読んで、問題に答えなさい。（45点）

A たとへ《え》ば君（(1)六音）　ガサッと落葉《おちば》すくふ《う》やう《よう》に（(1)六音）私をさらつ《っ》て（(1)八音）行つ《っ》てはくれぬか（(1)八音）　河野裕子《かわのゆうこ》

B 子供とは球体（(5)②）ならん（(3)）ストローを吸ふ《う》ときしんと寄り目となりぬ（(5)②）　小島《こじま》ゆかり

C 思い出の一つのようでそのままにしておく（(1)八音）麦わら帽子のへこみ（(2)…名詞＝体言）　俵万智《たわらまち》

D 街（(4)）をゆき子供の傍《そば》を通る時蜜柑《みかん》の香《か》せり（(3)）冬がまた来る　木下利玄《きのしたりげん》

E 草わかば色鉛筆の赤き粉のちるがいとしく（(5)①）寝て削《けず》るなり　北原白秋《きたはらはくしゅう》

＊香せり…香りがした。

(1) **A**〜**E**の短歌の中から、定型より字数が多いものを全て選び、記号で答えなさい。（完答5点）
〔順不同〕（ A・C ）

(2) **A**〜**E**の短歌の中から、体言止めが使われているものを一つ選び、記号で答えなさい。（5点）
（ C ）

(3) **B**の短歌と**D**の短歌は、何句切れですか。それぞれ漢数字で答えなさい。5点×2（10点）
B（ 二 ）句切れ　**D**（ 四 ）句切れ

(4) 冬がまた来る　とありますが、なぜ作者はこのように感じたのですか。二十五字以内で書きなさい。（15点）
例 街ですれ違った子供から蜜柑の香りがしたから。

(5) 次の①・②の文は、**A**〜**E**の短歌のうち、どの短歌について述べたものですか。一つずつ選び、記号で答えなさい。5点×2（10点）
① 絵を描こうとわざわざ春の野原にやって来たのに、対照的な色彩の美しさに心を奪われ、寝転んで色鉛筆を削り続ける作者の姿が詠《よ》まれている。
② まず子供の丸みを帯びた顔や体に注目し、次に飲み物を飲むときの真剣な表情を描くことで、我が子に対する作者の温かい愛情が伝わってくる。
①（ E ）　②（ B ）

2 **(4)** **D**の短歌から冬を感じさせるものを探すと、「蜜柑《みかん》の香《か》せり」とあります。そこで、どんなときに蜜柑の香りがしたのかがわかるようにまとめましょう。

2 **(5)** ①「対照的な色彩」とは、**E**の「草わかば」の緑と「色鉛筆の赤き粉《こ》」の赤のことです。
②「飲み物を……真剣な表情」は、**B**の「ストローを……寄り目となりぬ」のことです。

が終わったことをなごり惜しく思う気持ちを読み取ってまとめましょう。
↓記述問題ワンポイント

2 **(2)** 短歌の最後（結句）が体言（名詞）で終わっているものを探します。

2 **(3)** 句切れとは、意味が切れる部分です。句点（。）を入れることができる場所を探しましょう。

記述問題ワンポイント

1 **(4)** 夏休みが終わったことをなごり惜しく思う
これもOK! 残念に思う・寂しがる
文末 解答欄の後の「……気持ち。」につながるようにします。　×「夏休みが終わったことが残念だ（気持ち。）」

例題1 p.34

(1) ①よろず ②つかいけり
(2) 1 うつくしゅうていたり
2 例 かわいらしい

(1) ①「づ」は「ず」、②「ひ」は「い」に直します。
(2) 1 「しう」は「イ段」＋「う」なので「しゅう」に、「ゐ」は「い」に直します。
2 「うつくし」は、ここでは「**かわいらしい**」という意味です。

例題2 p.35

(1) イ
(2) 虎子を得ず

(1) 「不」は、「ず」と読むときには**平仮名**になるので、「如《し》かず」です。
(2) 返り点に従って漢字を読む順序を確認します。レ点の下の「得」に二点が付いているので、「得」も飛ばして「虎」から読みます。「虎→子→得→不」となります。

問題を解こう p.36～37

1 **(1)** まず、「立」を平仮名に直します。次に、「ア段」＋「う」の「やう」を「オ段」＋「う」の「よう」に直します。

1 **(2)** 会話文の終わりには「と」や「言ふ」などがある場合が多いので、それを手がかりに終わりの部分を見つけます。それから、会話文がどこから

1 次の文章を読んで、問題に答えなさい。（50点）

（聖海上人《しょうかいしょうにん》は仲間と共に、＊丹波《たんば》の国にある出雲《いずも》神社を参拝した。）

御前《おまへ》なる（神社の御前にある）獅子《しし》・狛犬《こまいぬ》、背《そむ》きて（(互いに)背を向けて）、後《うしろ》さまに（後ろ向きに）立ちたりければ、上人《しやうにん》いみじく感じて（感動して）、「あなめでたや（ああ(、)すばらしい）。この獅子の立ちやう（立ち方）、①いとめづらし。深き故《ゆゑ》あらん」と涙ぐみて、「いかに殿原《とのばら》（どうです(、)皆さん）、殊勝の事は御覧じとがめずや（このすばらしいことをご覧になって不思議に思いませんか）。無下《げ》なり（情けない）」と言へば、各《おのおの》怪《あや》しみて、(2)誠《まこと》に他にことなりけり。都のつと（都への土産話にしよう）に語らんなど言ふに、上人なほゆかしがりて、おとなしく（年配で）物知りぬべき顔したる（物事をよく知っていそうな顔をした）(4)神官《じんぐわん》を呼びて、「この御社《みやしろ》の獅子の立てられやう、定めて習ひあることに侍《はべ》らん（きっといわれのあることでしょう）。ちと承《うけたまは》らばや」と言はれければ、「その事に候《さうら》ふ。(4)さがなき童《わらは》どもの仕《つかまつ》りける（いたずらな子供たちが）、奇怪に候ふことなり（けしからぬことです）」とて、さし寄りて（近寄って）、据ゑなほして往《い》にければ（行ってしまったので）、②上人の感涙いたづらになりにけり（むだになってしまった）。

〈兼好《けんかう》法師「徒然草《つれづれぐさ》」による〉

＊ 丹波の国…昔の国名の一つ。現在の京都府中部と兵庫県の中東部にあった。

(1) 立ちやう を現代仮名遣いに直し、全て平仮名で書きなさい。（10点）
（ たちよう ）

(2) この文章には、「 」の付いていない会話文が一箇所あります。それを抜き出し、初めと終わりの三字を書きなさい。（15点）
誠に他 ～ 語らん

(3) ①いと は、どのような意味ですか。次から一つ選び、記号で答えなさい。（10点）
ア とても　**イ** 意図がありそうで
ウ 今どき　**エ** 価値がありそうで
（ ア ）

(4) ②上人の感涙いたづらになりにけり とありますが、それはなぜですか。「上人が感動した獅子の立ち方は、……」に続くように、現代語で書きなさい。（15点）
・上人が感動した獅子の立ち方は、
（ 例 子供たちのいたずらだとわかったから。 ）

2 **(1)** 「其《そ》の耒《すき》を釈《す》てて」と読むには、「其耒→釈」となるように一・二点を、「株を守り」と読むには、「株→守」となるようにレ点を付けます。

注意 「而」は置き字なので読みません。

2 **(2)** ——線②の前から、「宋人《そうひと》」がしていたことをとらえます。「宋人」はもう一度兎《うさぎ》を得ようと

始まるのかを探します。

1 **(3)** ここでの「いと」は「とても。非常に。」という意味です。古文で頻出の単語なので、覚えておきましょう。

1 **(4)** 上人《しょうにん》が感動した獅子《しし》の立ち方について、神官は「さがなき童《わらべ》どもの仕《つかまつ》りける」と言っています。

2 次の文章を読んで、問題に答えなさい。（50点）

【書き下し文】

宋人《そうひと》に田を耕す者有り。（宋の国の人に）田中《でんちゅう》に株有り。（切り株があった）兎《うさぎ》走りて株に触れ、（切り株にぶつかり）頸《くび》を折りて死す。①因《よ》りて其《そ》の耒《すき》を釈《す》てて株を守り、（そこで（その男は）耒を捨てて切り株を見守り）(2)復《ま》た兎を得むと冀《ねが》ふ。兎復た得《う》べからずして、（二度と得られなかったので）②身は宋国の笑《わらひ》と為《な》れり。（男は宋国中の笑い者となった）今、(4)先王の政《まつりごと》を以《もつ》て、当世の民《たみ》を治めむと欲《ほつ》するは、（昔の王の政治のやり方で現代の民衆を治めようと望むのは）皆株を守るの類《るゐ》なり。（見守る男の同類である）

【訓読文】

宋人ニ有リ二耕スレ田ヲ者一。田中ニ有リレ株。兎走リテ触レレ株ニ、折リテレ頸ヲ而死ス。因釈其耒而守(3)株、冀フニ復タ得ムトレ兎ヲ。兎不ズシテレ可カラ二復タ得一、而身ハ為レリ二宋国ノ笑ト一。今、欲スルハ下以テ二先王之政ヲ一、治メムト中当世之民ヲ上、皆守ル(3)レ株ヲ之類也《なり》。

〈「韓非子《かんぴし》」による〉

＊ 耒…田畑を耕す道具。

(1) ①因りて其の耒を釈てて株を守り とありますが、このように読むことができる訓読文を次から一つ選び、記号で答えなさい。（10点）

ア 因リテ釈テレ其ノレ耒ヲ而守リ株ヲ

イ 因リテレ釈テ二其ノ耒ヲ而守リ一株ヲ

ウ 因リテ釈テ二其ノ耒ヲ一而守リレ株ヲ

エ 因リテレ釈テ其ノ耒ヲレ而守リレ株ヲ

（ウ）

(2) ②身は宋国の笑と為れり とありますが、その理由を説明した次の文の□に当てはまる言葉を、現代語で書きなさい。（15点）

・もう一度□ことを願って切り株を見守っていたから。

（例 兎が（走ってきて、）切り株にぶつかって死ぬ）

別解 兎を得る

(3) この漢文から生まれた故事成語を、【訓読文】の中から漢字二字で抜き出しなさい。（15点）

守株

(4) この漢文の内容に合うものを次から一つ選び、記号で答えなさい。（10点）

ア 他人に笑われても、自分の意志を貫き通せばいつかやり遂げることができる。

イ 一つのことを究めようと努力している者を、皆で笑い物にするのはよくない。

ウ 昔のことを研究すれば、そこから新しい考え方や知識を得ることができる。

エ 古い習慣にこだわって、時代に合ったやり方を取り入れないのはよくない。

（エ）

思って切り株を見守っていましたが、兎を得ることはできなかったのです。

2 **(3)** 重要 「宋人」が田んぼでしていたこと＝「守《しゅ》株《しゅ》」は、「古い習慣を守って進歩がないこと」という意味の故事成語です。

2 **(4)** 最後の一文に「宋人」の話から得られた教訓が述べられています。

1の現代語訳

神社の御前にある獅子・狛犬《こまいぬ》が、（互いに）背を向けて、後ろ向きに立っていたので、上人はとても感動して、「ああ（、）すばらしい。この獅子の立ち方は、とても珍しい。深いわけがあるのだろう」と涙ぐんで、「どうです（、）皆さん、このすばらしいことをご覧になって不思議に思いませんか。情けない」と言ったので、（仲間も）それぞれ不思議がって、「本当に他（の神社）と違っている。都への土産話にしよう」などと言うので、上人はいっそう（わけを）知りたがって、年配で物事をよく知っていそうな顔をした神官を呼んで、「このお社の獅子の立てられ方は、きっといわれのあることでしょう。少しお聞きしたいものです」と言われたところ、（神官は）「そのことです。いたずらな子供たちがいたしたことで、けしからぬことです」と言って、（獅子に）近寄って、置き直して行ってしまったので、上人の感涙はむだになってしまった。

2の現代語訳

宋の国の人に田を耕す者がいた。田の中に切り株があった。兎が走ってきて切り株にぶつかり、頸《くび》を折って死んだ。そこで（その男は）耒を捨てて切り株を見守り、また兎を手に入れようと待ち望んだ。兎は二度と得られなかったので、男は宋国中の笑い者となった。今、昔の王の政治のやり方で、現代の民衆を治めようと望むのは、全て切り株を見守る男の同類である。

②の記入例

ふりかえりコメント	復習予定日	復習日	点数	
苦手意識あり。「攻略のカギ」を読み直して，もう一度「問題を解こう」を解く!	6月10日	6月13日	90 /100点	1日目
				2日目

❷ふりかえる

ふりかえりコメント	復習予定日	復習日	点数	
	月　日	月　日	/100点	1日目
	月　日	月　日	/100点	2日目
	月　日	月　日	/100点	3日目
	月　日	月　日	/100点	4日目
	月　日	月　日	/100点	5日目
	月　日	月　日	/100点	6日目
	月　日	月　日	/100点	7日目
	月　日	月　日	/100点	8日目

❸受験に向けて，課題を整理する

受験勉強では苦手を
つぶせるかが勝負！
何を頑張るか，
見える化しておこう！

受験勉強で意識すること

-
-
-
-

ぼくは１日に
漢字を１０個
覚える！

8日間ふりかえりシート

このテキストで学習したことを，❶～❸の順番でふりかえろう。

❶各単元の 問題を解こう の得点をグラフにしてみよう。
❷得点をぬったらふりかえりコメントを書いて，復習が必要な単元は復習の予定を立てよう。
　復習が終わったら，実際に復習した日を記入しよう。
❸全て終わったら，これから始まる受験に向けて，課題を整理しておこう。

❶得点を確認する

日目	学習日	単元	得点（0 10 20 30 40 50 60 70 80 90 100）
1日目	/	漢字・語句	
2日目	/	文法	
3日目	/	説明文・論説文①	
4日目	/	説明文・論説文②	
5日目	/	小説①	
6日目	/	小説②	
7日目	/	詩・短歌	
8日目	/	古文・漢文	

0点～50点 ／ファイト！＼　51点～75点 ／もう少し！＼　76点～100点 ／合格◎＼

▶得点と課題

0点～50点 復習しよう！　まだまだ得点アップできる単元です。「要点を確認しよう」を読むことで知識を再確認しましょう。確認ができたらもう一度「問題を解こう」に取り組んでみましょう。

51点～75点 もう少し！　問題を解く力はあります。不得意な内容を集中的に学習することで，さらに実力がアップするでしょう。

76点～100点 合格◎　問題がよく解けています。「要点を確認しよう」を読み返して，さらなる知識の定着を図りましょう。

1 0 9 8 7 6 5 4 3 2 * * D C B